あかちゃんが来てくれた！
そのことを、おかあさんだけでなく、
おとうさんだけでなく、
みんなでよろこびたい。
はじめてのことは
不安と戸惑いがいっぱいだけれど、
いのちの訪れを、
ふたりで、かぞくで、
まわりのひとたちと、
のびやかに受けとめる、
そんなきっかけづくりに、この本が
お役に立てたらと思います。
もうすぐのひとも、
いつか、のひとも……。

撮影＊泉山美代子

もくじ

ほがらかに過ごす妊娠の日々

かぞくで迎えるお産

あかちゃんがやってくる！

のびやかな妊娠・出産

クーヨン BOOKS 8

撮影＊白井綾

からだと暮らしを整える産後ケア

みんなで一緒に考えるこれからのお産

ほがらかに過ごす妊娠の日々

出産のその日に少しずつ、向かって

おなかにちいさないのちが
宿っているとわかったその日から、
顔が見られるお産の日まで。
からだもこころも少しずつ
変化をしていくけれど、
そのひとときをたのしくあることが、
妊娠期をたのしく過ごす
コツなのかもしれません。

 撮影＊白井綾

愛犬のナナと、近所の海辺をお散歩。家族が増える日はもうすぐ。

自然のままに、
自分たちを信じて

はじめて迎えるあたらしいいのち

海と山に囲まれた神奈川・葉山町。
築80年の古い一軒家に、
和の薬膳に詳しい山田奈美さんと
ものづくり作家の春日泰宣さんが暮らしています。
山田さんのおなかには、7ヶ月のちいさないのちが。
ふたりにとってはじめての家族の誕生。
そのお気持ちと、妊娠期の暮らしについて、
お話をうかがいました。

お話＊山田奈美さん（薬膳食養研究家・国際中医薬膳師）
春日泰宣さん（ものづくり作家）

取材・文＊セキノツカサ　撮影＊白井綾

妊娠中とは思えないほどテキパキ動く奈美さん。大好きなコーヒーは、一日1回だけ飲む。

〈不便利〉がちょうどいい、ほどよい自然に囲まれて

山と海に囲まれた、神奈川県葉山町で築80年の平屋に暮らす山田奈美さんは、旬の食材を使った昔ながらの和食のおいしさを伝える活動をしています。広々として居心地のよい台所や、裏山や畑で新鮮な食材が手に入る環境は、仕事の拠点としても生活するうえでも理想的です。ネパールの手漉き紙を使い、ランプシェードや雑貨を制作する夫の春日泰宣さんも、この環境がお気に入り。

「自然が豊かで、子どもがのびのびあそべそう。不便と便利の間の〝不便利〟なところがいいですね」

そんなふたりに、うれしいニュースが舞い込んだのは、昨年のクリスマス。

「おなかにあかちゃんがいるとわかって、幸福感で全身が満たされる感じがしました」と奈美さん。

泰宣さんも、その知らせに満面の笑みでよろこんでくれたそう。愛犬のナナまで興奮して飛びついてきたといいますから、ふたりがどんなによろこんだのか、目に浮かびます。

勝手口の外から、台所に立つおふたりのようすをうかがうナナ。

ネパールの手漉き紙のバッグは、泰宣さんの作品。自然な風合いが魅力。

どこかなつかしい佇まいの、住まい兼アトリエ。料理教室などもここで催している。

和食を中心に、旬のものをいただきます。

10年以上続けている、昔ながらの和の食事は、妊娠中も変わらず。食べる量が増えても、和食なので、大きな体重の変化はありません。

裏山にある柿の葉をとって、天ぷらに。甘みがあっておいしい。

かぞくみんなで おいしさを分かち合いたい

十数年前に薬膳を学びはじめ、昔ながらの和食を実践するようになった奈美さん。和食が自分のからだに合っていることを知っているので、食事は妊娠前と同じものをいただいています。

「つわりもほとんどなく、ずっと元気。妊娠してからごはんを食べる量は増えましたが、和食だからか、それほど体重は増えていません。元気だから、あかちゃんを待つ毎日が存分にたのしめます」と奈美さん。

朝はちょこっとつまむ程度。食事は、昼と夜の2回。季節ごとにからだがよろこぶものを口にすることを、こころがけています。

「旬の野菜を中心にしたおかずや常備菜を、バランスよく品数多くつくります。食べるときは、縁側越しに庭を眺めながら、ふたりでゆっくりと味わいます」

食べるときだけでなく、食事づくりもほとんど泰宣さんと一緒。それが、日々のちょっとしたできごとを語り合える大事なひとときに。3人で食卓を囲む日が待ち遠しいですね。

ごはん、味噌汁、旬の野菜のおかず、ぬか漬け、納豆など。一つひとつは少量だけど、品数豊富！　素材の彩りに食欲がそそられます。

かまどでふっくら炊き上げたグリーンピースごはん。米は自宅で精米し、米ぬかはぬか床に使用。

子どもの頃おばあちゃんにおそわった、ぬか床の作業。自分の畑の野菜でつくるとおいしさは格別。

ちゃぶ台を縁側のそばに置いて、ときおり庭の木々を眺めながらいただく。1時間ほどかけてじっくりと味わうのが、おふたりにとっての至福のとき。「おいしいね！」と、自然と笑みがこぼれます。

あかちゃんを迎えるために用意したもの

こころのこもった、ぬくもりのあるものを少しずつ、たのしみながらそろえているふたりです。

リメイク着物で授乳ケープ

祖母、母ともに和服になじみがあるという奈美さん。おかあさんから譲り受けた羽織の丈を、短く切って、授乳ケープをつくりました。青森県津軽に伝わる、こぎん刺しのボタンがアクセント。

手づくりのじんべい

ワークショップに参加してつくった、ヘンプ&オーガニックコットンのじんべい。ポケットに隠れているのは……「ネコに間違われますが、ナナです！（笑）」と奈美さん。

おさがりの洋服たち

ふたりにあかちゃんがやってきたと聞いて、友人や知人から、よろこびのことばと一緒に、おさがりの洋服がたくさん届きました。写真に写っている以外にもたくさんあります！

ネパールで買ってきたベビーコート

「いつか生まれるあかちゃんのために」と、泰宣さんが買っておいたもの。ウールでできているので、軽くてあったたか。

絵本いろいろ

「定番のものばっかりなんですけど」と奈美さん。ふたりが子どもの頃に読んできた絵本を用意。絵本と一緒にふたりの思い出も手渡して。

漆のベビースプーンとフォーク

葉山在住の漆作家・伏見眞樹さんに、お食い初め用のベビースプーンとフォークを依頼。以前、奈美さんが仕事で取材をしたことがあり、葉山に引っ越してみたら、偶然ご近所さんに。不思議なご縁！

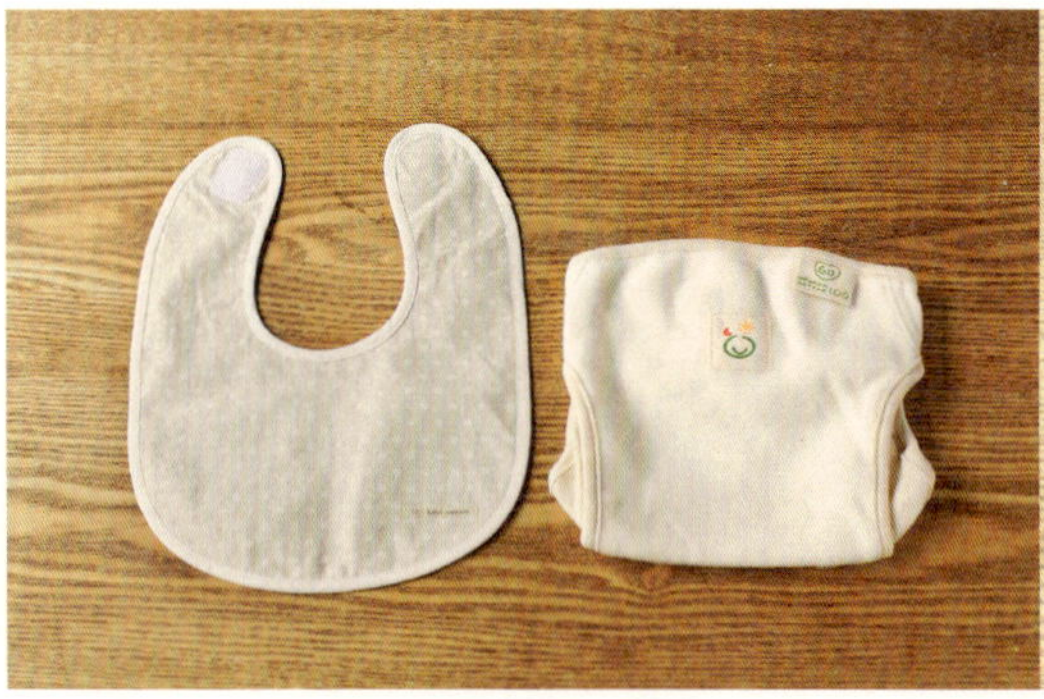

おむつカバーとスタイ

オーガニックコットンやリネンなど、肌にやさしい自然素材のものをセレクト。

足さばきがラクなゆったりワンピース

「おなかが大きくなってくると、自分では気がつかないうちにがに股になっているみたいで」と奈美さん。おなかや下半身をゆったり包む、ロングワンピースが妊娠中はラクチン。

斜めがけにもできるママバッグ

あかちゃんと一緒のお出かけに向けて、荷物が多めに入りそうなマチのあるバッグを用意。たくさん入って、ポケットがいっぱい。ナチュラルな雰囲気が奈美さんにぴったり。

麻の肌着

泰宣さんが手がける*ライスペーパー作品のブランド「O:g（オーグ）」の商品の試作品。立ち上げのときに試作し、販売には至らなかったもの。あかちゃんがいる知人たちにあげてきましたが、いよいよふたりのあかちゃんが袖を通します。

冷え対策のインナー

和食中心の食事で体質改善したので、冷えとは無縁の奈美さん。でも妊娠中は、下半身を冷やさないように気をつけています。シルクのレッグウォーマーやレギンスで対策。

マタニティ用のパンツ

おなかまわりがストレッチ素材で、はき心地がよく、おへそまでしっかり隠れます。

＊ネパールでつくっている、手漉きの紙。

深い山々に囲まれた共同農園。そのひと区画をふたりは借りています。農薬はもちろん、化学肥料にも頼らず、微生物の力を利用した農法を実践中。気持ちのいい風が、農作業で汗ばんだほおをなでて。3人で畑に来られる日が、待ち通しい。

あかちゃんのために用意したものがもうひとつありました

今年の初春からはじめた畑。食事を大切にするふたりならではのあかちゃんへのプレゼントは、「自家製のおいしい野菜」でした。

野菜本来のおいしさを子どもに伝えたい

畑をもつことが長年の夢だった泰宣さん。奈美さんの妊娠を知り、親として、おなかのあかちゃんに何を用意したらいいかを考えました。「旬のおいしい野菜を用意してあげたい」。そうして今年の2月、共同農園の一角を借り、ふたりは無農薬の野菜をつくりはじめました。

「畑は自然のつながりや循環が感じられるので、最高の学びの場です。子どもには、自分で食べる野菜は自分でつくれるような大人になってほしい。何があっても生きていけるよ

天に向かって、勢いよく伸びているのは自然薯のツル。支柱に使っている竹は、庭でとったもの。泰宣さんお手製。

刈った雑草を土の上にかぶせておくと、下には、ダンゴムシやミミズなどがやってきます。虫の力で、自然によい土ができます。

ラディッシュは、葉っぱごとぬか漬けに。体調を整えるためにも、毎日の食卓に欠かせない発酵食品。

うな、〈生きる力〉のあるたくましい子に育ってほしいです」

　奈美さんも、子どもの頃から、家庭菜園の採れたて野菜を食べて育ったので、畑をはじめることには大賛成。やはり子どもに、新鮮な野菜を食べさせたいという思いが。そして、自然が身近にあったことも、人生の大きな糧になっていると話します。

「小学校の帰り道に、野いちごを摘んだりしていました。季節の恵みのありがたさや収穫のよろこび、自然な甘み……いまの自分の根っこになっています。親がおしえられることは限られていますから、自然の中から自ら学んで、いろいろなことを身につけてほしいですね」

　今年の3月11日は、ふたりでクワを肩にかつぎ、片道50分の道のりを、ナナと一緒にゆっくりと歩いて畑へ向かいました。

「東日本大震災からちょうど1年という節目の日に、ふたりで何をして過ごそうか話し合いました。どちらからともなく〈畑を耕しにいこう〉という考えが出て。自分たちができることを、地道にやっていきたい。そんな気持ちが畑に向かわせたんだと思います」と泰宣さん。

きょうの収穫物を手ににっこり。「自分の畑で採れた野菜は、生命力にあふれている。ちゃんと栄養がからだにしみ渡る気がします」。おなかのあかちゃんも、きっとよろこんでいるはず！

この日、収穫したじゃがいもは、今年の3月11日に植えたもの。膝をついてしゃがんだり、大きなおなかをカバーしながら、農作業をする奈美さん。

撮影は5月下旬。このとき畑に植わっていたのは、じゃがいも、かぶ、ラディッシュ、いんげん、ごぼう、自然薯など。

台所に立つふたりは、あうんの呼吸。高いところのものや重たいものは、泰宣さんにお願いして。「率先して動いてくれるので助かります」と奈美さん。

ふだんの暮らしをしつつ、ゆっくり、あかちゃんを待っています

お産は特別なことではないので、「ふだんどおりに自然のままに」というのが、ふたりの考え方。奈美さんは、出産1ヶ月前まで食の教室やワークショップを続ける予定です。

「お産のときも、なるべく自然な状態が望ましいと思っています。高齢出産といわれる年齢なので、助産院ではなく病院で産むことに決めましたが、できる限り自分に合ったかたちで産める病院を選びました。妊婦が主体的に産み方を選べるアクティブバースの予定なので、自分がどんなふうに産むのかたのしみです」

「トラブルもなく元気そうなので、いたわりすぎないようにしています。ぼくたちががんばらなくても、生まれてくるあかちゃんの力に任せればいいかなと。ただ、お産直前には自宅を離れるので、できるだけふだんどおりに彼女がいられるよう気を配ります」と泰宣さん。

自分たちができることを、肩ひじはらずにさりげなく。「早くあかちゃんに会いたいです」。ふたりは笑顔で、そう声をそろえました。

やまだ・なみ　薬膳食養研究家・国際中医薬膳師。「食べごと研究所」を主宰し、和の薬膳や発酵教室、親子昔ごはん教室をはじめ、昔ながらの日本食を守る活動に取り組む。著書に『体を温め、めぐりをよくする　妊娠中のごはん』（家の光協会／刊）。最新刊『漬けるだけ発酵食レシピ』（アスペクト／刊）が好評発売中。
http://tabegoto.com/

かすが・やすのぶ　ものづくり作家。ライスペーパーを用いたインテリア雑貨やアート作品のブランド「O:g（オーグ）」を主宰し、「地球分の1（one of earth）」をテーマに、ネパールの手漉き紙を使ったインテリア雑貨やアート作品などを制作。発酵食品の研究にも取り組んでいる。
http://www.org-life.net/

ナナへの接し方を見ていると、お互いに「このひとなら子どもがいても大丈夫！」と思える、とおふたり。「彼は子煩悩な父親になりそうですね」と奈美さん。

妊娠生活をたのしく過ごそう

十月十日からだはどうなる？

「十月十日《とつきとおか》」の妊娠期間。
月経周期の28日を1ヶ月とした
約290日間の長い道のりがはじまります。
その間、おなかの中のあかちゃんは
どのように成長をしていくのでしょうか。
またそれによって母体はどう変化するのか、
一緒に見ていきましょう。

お話＊浅井貴子さん（助産師）
取材・文＊草刈朋子　イラスト＊松尾ミユキ

あさい・たかこ　助産師、アロマセラピスト。ベビーマッサージ教室「カモマイル」主宰。「ヴェレダ」や「生活の木」などでベビーやマタニティのアロマケアの講師を務めているほか、東京都世田谷区・産後ケアセンターで子育て講座や産前・産後の施術も行う。共著の『妊娠・出産・育児のための安心アロマ&ハーブ』（池田書店／刊）も要チェック！ http://mid-wife.info/

受精 0週～3週

月のリズムに沿って育まれる新しいいのち

　精子が卵管にいる卵子とくっついて受精卵になったとき、卵胞分割がはじまります。受精卵は活発に分割をくり返しながら子宮内膜にたどり着き、そこにすみかを得ます。このとき、受精卵は水を含んだ袋状の姿となり、その中にあかちゃんの原形である「胎芽」が生まれています。受精から約1週間のできごとです。

　この頃はほとんど自覚症状がないので、妊娠が判明したあと、「薬を飲んでしまった」「レントゲンを撮ってしまった」など青ざめる方もいますが、影響は少ないので深刻に悩むことはありません。

　お産は、おなかにいるあかちゃんに何が必要か、そして自分は何をしたいのか、自分のからだと向き合えるチャンスです。仕事との両立など、大変なこともありますが、無理せずリラックスしながら、十月十日、約290日の長い道のりをたのしく過ごしていきましょう。

　ちなみに、妊娠期間*の数え方では、28日を1ヶ月とします。これは月経周期に基づいた考え方ですが、月が地球を一周するサイクルとも同じ。つまり、月が地球の周りを10周する間、あかちゃんはおかあさんのおなかの中で育まれていくのです。

自覚症状はほとんどなし。

3週の終わり頃になると、ひとによって眠気や風邪に似た症状が。

妊娠中に摂ってはいけないもの

禁酒・禁煙・禁薬……たのしみをほかに見つけて

　妊娠がわかったら、すぐに気をつけたいのは、あかちゃんへの影響が強い酒やタバコ、薬の摂取、そしてX線撮影です。これらの影響を受けやすいのはからだの諸器官が成長する4週目から4ヶ月の間なので、2～3週頃に妊娠に気がつかずに摂ってしまっても、ほぼ問題はありません。また、カフェインの摂取は、一日1杯程度なら飲んでもOK。あれもこれもダメと考えずに、お気に入りのお茶を探すなど目先を変えて新しいたのしみ方を見つけましょう。

あかちゃんのようす

進化の過程をたどるあかちゃん

　おなかの中で卵子と精子が出会い、新しいいのちが生まれます。目にも見えないほどのちいさな細胞が、ふたつになり、4つになり、8つになり、次々と分裂をくり返しながら、細長く伸びて、「胎芽」と呼ばれるあかちゃんの原形になります。さらに頭と胴体の区別がつき、手足が芽生え、尾がなくなり、やがて8週ほどで人間らしい形に成長します。そのようすは、魚から両生類、は虫類、ほ乳類へと進化していく過程を見ているようでも。

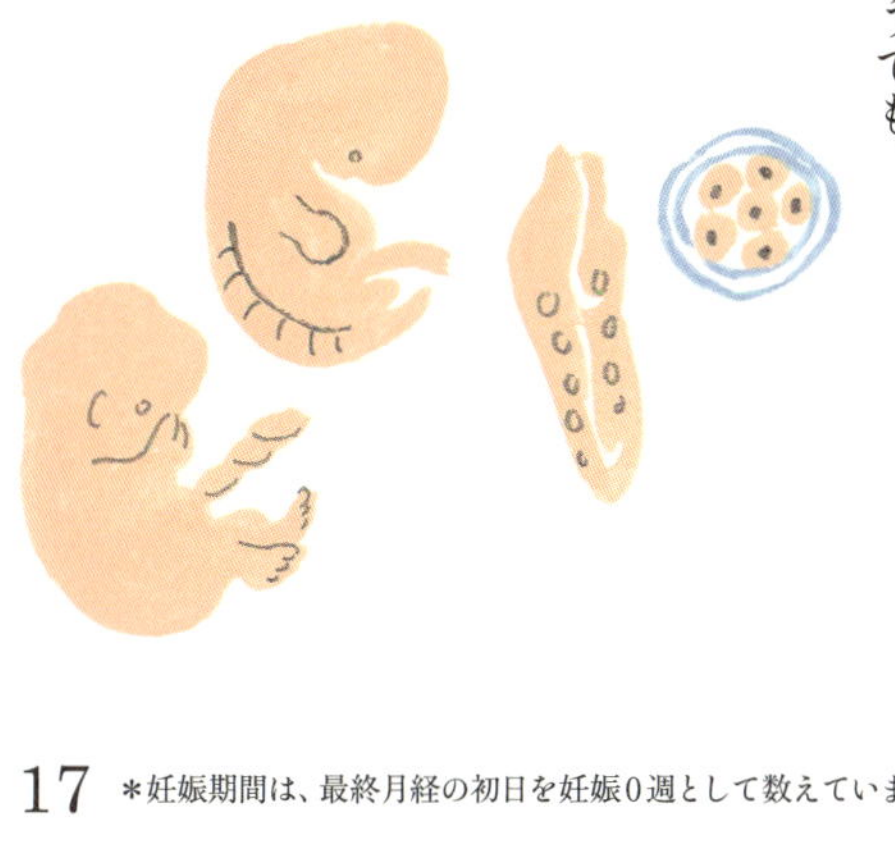

＊妊娠期間は、最終月経の初日を妊娠0週として数えています。

妊娠初期 4週～15週

（2ヶ月～4ヶ月）

つわりは からだの防御反応

月経の開始から4～5週頃、おかあさんが月経の遅れに気づいた頃、おなかの中ではあかちゃんの脳や脊髄、心臓や肺などからだの各器官が芽生えはじめています。心拍が確認できれば、流産の可能性はぐんと下がるのでひと安心。母子手帳をもらい、定期健診がスタートします。

妊娠の自覚症状といえば、つわりですが、早くて5～6週からはじまるひともいれば、反対にまったくないひとも。症状は、吐き気や嘔吐、倦怠感、頭痛、眠気など。表れ方はひとによってさまざまです。

体調の悪さや先立つ不安からうつっぽくなることもありますが、そんなときは家族や友人に話を聞いてもらって。職場では仲のいい同僚や直属の上司に相談し、無理をしすぎないようにしましょう。この時期は食事が食べられなくても葉酸さえ摂っていれば、あかちゃんの成長に心配はありません。何よりも、たっぷり寝て、こまめに水分補給をし、なるべくからだを休めることが大切です。

つわりは、体内に入った異物を排除しようとするからだ本来の防御反応なので、胎盤が完成し、子宮の一部として同化する12～16週頃には、大半の方が落ち着いてきます。

月経が止まり、微熱が続き、眠気を覚える頃。吐き気で通勤がつらい時期でも。
締めつけすぎると気分が悪くなるので、ベルトの穴をゆるめるように。
つわりとともに食欲が低下。脂っこいもの、匂いのあるものがきらいになるなど、嗜好に変化が。

この時期の不安やイライラ要素

- 流産しないかどうか。
- つわりで食事が摂れず、あかちゃんへの影響が気になる。
- 出産する病院が見つからない。
- 妊娠に気づかず薬を服用してしまった。

あかちゃんのようす

からだの器官をつくるとき

妊娠4週頃、あかちゃんはまだ超音波写真にも写らないほどの大きさですが、すでに脳や中枢神経、心臓がつくられはじめています。肝臓や胃、腎臓、肺などの内臓器官もできはじめ、目や口、手足のもとが現れ、7週頃には基本形成が終了。8週目頃には頭とからだの区別がつき、より人間らしい姿に成長していきます。

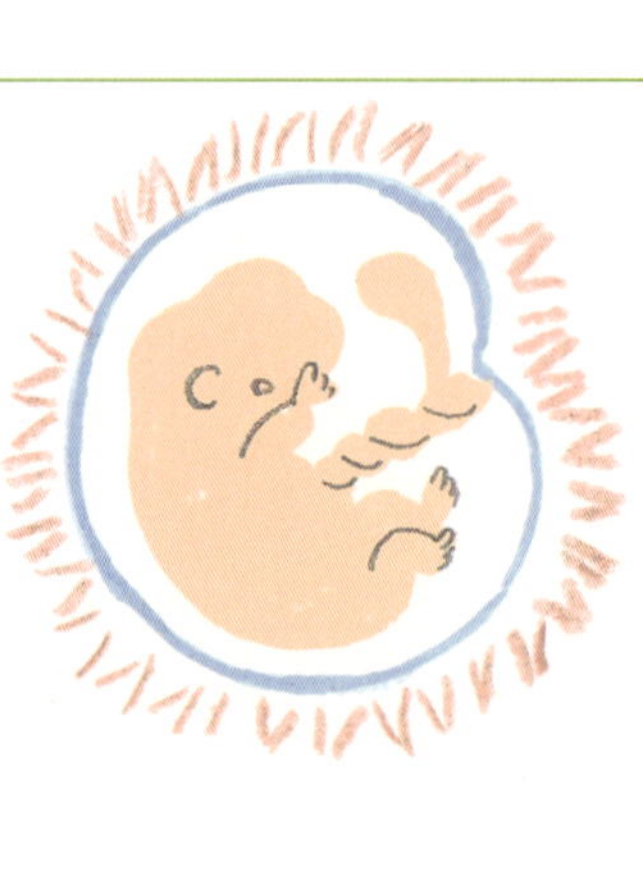

つわりのときの過ごし方

できれば時差出勤を

通勤時の混んだ電車では、車内のにおいで気分が悪くなることも。通勤が困難であれば、主治医に「母性健康管理指導事項連絡カード」を書いてもらい、職場に通勤緩和や休憩のための申請をしましょう。カードは母子手帳についています。

意識的に葉酸を摂る

妊娠期間中を通して偏りなくいろいろなものから栄養を摂ることが大切ですが、つわりで食欲がないときは、なるべく緑黄色野菜を摂ることを意識して。ほうれん草やブロッコリーなどに含まれる葉酸という栄養が、あかちゃんの脳と脊髄の発達を助けてくれます。なお、生魚や生肉はトキソプラズマの感染の心配があるため、充分に加熱を。

空腹をつくらない

つわりは空腹時に起こりやすいため、食事の量を減らし、小分けにして食べましょう。とくに朝起きぬけに症状が出やすいため、枕元にクラッカーや酸味のあるキャンディー、炭酸水などを置き、いつでも食べられる状態にしておくと、起きぬけの不快感が緩和されます。

少しでもからだを横にする習慣を

妊娠初期はつわりもあり、できれば安静にしていたい時期。休憩は、椅子に座るだけでなく、足を伸ばして横になったり、昼寝をしたりすると体調が違います。仕事をしていても、休憩時間や昼休みを利用して、からだを休める工夫を。

胎盤が完成

おなかの中で、あかちゃんはぐんぐん育っていきます。骨や筋肉が発達し、手足には指もそろい、あかちゃんはからだを曲げたり伸ばしたり、ちいさな動きをはじめていますが、まだおかあさんにその動きはわかりません。

3ヶ月を過ぎる頃には爪が現れ、歯茎のずっと奥のほうに歯のもとができます。この頃、胎盤が完成し、あかちゃんはへその緒を通して栄養と酸素をもらえるようになります。以降、成長はぐんぐんとスピードアップしていきます！

妊娠中期
16週〜27週
（5ヶ月〜7ヶ月）

仕事と妊婦の時間はメリハリをつけて

この頃になると、あかちゃんの胎動を感じられるようになり、妊婦としての自覚が強まります。つい健診結果に一喜一憂しがちですが、ストレスで血流が悪くなると、あかちゃんにもよくないので気にしすぎないことも大事。自治体の母親学級や病院のマザークラスでは妊娠中の過ごし方や出産準備、産後のおむつの替え方などをおしえてくれるので、学んでおくと気持ちに余裕が生まれます。パートナーと将来の設計を話し合うにも、よい時期です。

最近は30代、40代の出産が増えています。高齢出産になってくると、臨月《りんげつ》になっても動ける体力・筋力づくりが安産のキーワードに。まだおなかがそれほど出ていないこの頃だ

安定期に入り、体重が増えはじめる。新陳代謝がさかんになり、汗をかきやすくなる。

皮膚が敏感な時期なので、化繊の服より肌なじみのよいものを選びたくなる。

血流が悪くならないようゆったりした幅広の靴に、靴下は5本指ソックスを着用。

職場では……

足の血行をよくする工夫を

子宮の圧迫やホルモンの分泌の関係で、血液の流れが悪くなり、便秘や痔、腰痛、静脈瘤、足のむくみなどの不調が出やすくなります。机の下にフットレストを置いて、1時間に5〜10分足を高くした

あかちゃんのようす

徐々にあかちゃんらしく

妊娠19週になると、あかちゃんは3頭身に。皮下脂肪もついて、徐々にふっくらとしてきます。循環器系が完成し、血液が運ばれはじめると、皮膚は赤みをおびはじめ、長い間羊水につかっても皮膚がふやけてしまわないよう、全身にうぶ毛が生えてきます。

胎動がはじまる

骨や筋肉がしっかりしてくるので、羊水の中でぷかぷか浮かびながら、足を伸ばす、からだを反らすなどの動きが活発に。エコーで指しゃぶりをするあかちゃんが見られるのもこの頃です。不思議なことに、あかちゃんはおかあさんがじっとしているときに動く場合が多いようです。逆に

からこそ、ウォーキングや水泳などで、腹筋や背筋をつけておきましょう。手っ取り早いのは歩くこと。外出するときに500㎖のペットボトルを両手に1本ずつ持ち、振りながら1時間ほど歩くといい運動になります。ただし、動いたら休む、をこころがけて。

また下半身の循環が悪くなる時期でもあるので、仕事がデスクワーク中心であれば、こまめに立ち上がって動いたほうがよいでしょう。眠くなることが多いので、集中して仕事を済ませ、残業はせずに定時で帰宅し、早く寝ることも大切。家では妊婦に戻ってゆったり過ごしましょう。

り、加圧式のハイソックスで血液の溜まりを少なくするなど、下半身の血液の流れをよくしましょう。

偏りのない食事でアレルギーを予防

あかちゃんがへその緒で栄養を摂りはじめるこの時期は、食事に気をつけたいところ。偏った食品ばかり食べるとアレルギーのリスクが高まるので、基本的にあらゆる食品からまんべんなく栄養を摂ることが大事です。からだをつくるもととなるタンパク質も、お肉や魚、大豆などさまざまな食品から摂りましょう。

家では……

マッサージで妊婦に戻る時間

家に帰ったら、職業人をリセットし、自分のからだを妊婦に戻して。背中から腰にかけてのマッサージは腰痛のメンテナンスにも。パートナーに協力してもらい、手のひらで下から上へ、内側から外側へマッサージしてもらいましょう。アロマオイルは妊娠20週を過ぎれば使うことができます。

この時期の不安やイライラ要素

- 体重増加やあかちゃんの発達状態、貧血、尿タンパクなどの健診結果に一喜一憂。
- 眠気が強く、仕事が思うようにはかどらない。

妊娠線のケア

おなかが急激に大きくなると、皮膚の伸びがついていけず、皮下組織がひびわれ状に。これを妊娠線といいます。妊娠線は、皮膚の柔軟性が少なく、乾燥しているひと、あるいは痩せているひと、冷え性のひとなどに起こりやすく、すべてのひとに起こるわけではありません。皮膚の保湿を保ち、やわらかな状態にしておくことで防げます。お風呂上がりにオイルなどで、マッサージしてみて！

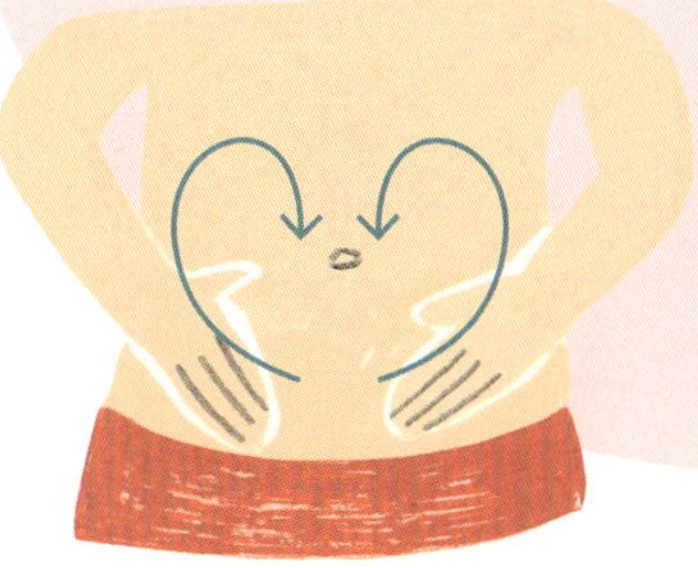

おかあさんが動きはじめると胎動はおさまります。まるでおかあさんに動いてほしいというメッセージのようです。

聴覚が発達しはじめる

五感の中で最初に発達するのは皮膚感覚ですが、26週頃になると、聴覚が発達しはじめ、血液が流れる音やおかあさんの声のリズム、外界の音などを感じとれるように。大脳皮質が発達するので、あかちゃんは自分の意志にかかわらずおなかの中で聞いた音を覚えていて、産後、似た音や曲を聞かせると泣きやむことがあります。

妊娠後期
28週〜40週
（8ヶ月〜10ヶ月）

出産は本能に任せて

おなかはいよいよ大きくなってきます。生命を誕生させることのすばらしさを思い、自分の母親に対して感謝の気持ちがわく一方で、出産へのプレッシャーから不安が募る時期。漠然とした不安でもひとりで抱え込まず、パートナーや家族など身近なひとに自分の心境を伝えてみましょう。家族に話せない場合は、かかりつけの医師や助産師、地域の保健師に話をしたり、聞いたりすることで、不安が解消されやすくなります。

32週になると、働いているひとは産休を取れます。ここはゆっくり落ち着いて過ごしたいところですが、あかちゃん用品のバーゲンや予定をたくさん入れて、何かと忙しいサイクルで動いてしまいがち。産後は食

32週から産休に突入。

動悸や息切れが起こりやすい。

くしゃみの際に尿が漏れやすくなる。

下腹部が毛深くなる。

便秘や痔になりやすい。

足がむくみ、よくつる。

この時期の不安やイライラ要素

- 陣痛の痛みに耐えられるかどうか不安。
- 足のむくみや痔・腰痛によるストレス。
- 行動範囲の制限。

この時期するとよいアロマケア

痔と便秘対策

便秘を防ぐには、食物繊維を積極的に摂り、下半身を温めて血流をよくし、肛門の周囲を清潔に保つこと。それでもできてしまった痔には、アロマオイルの湿布が効果的。排便後や入浴後に、コットンにブレンドしたオイルをしみ込ませ、患部に当てておきましょう。アーモンドオイル50㎖にヘリクリサム8滴とサイプレス6滴のブレンドがおすすめです。

あかちゃんのようす

呼吸や睡眠の練習がはじまる

8ヶ月に入ると、ますます大きくなって、丸みのあるあかちゃんらしい姿に。内臓の各器官はほぼ完成し、羊水を飲み込んで肺を満たし吐き出す「呼吸様運動」をしながら、肺呼吸の練習をしています。

9ヶ月になると、多くのあかちゃんが頭を下にした姿勢に落ち着きます。おかあさんの膀胱に圧がかかるため、尿漏れに悩まされる時期でも。この頃のあかちゃんは、20〜40分間隔で寝たり起きたりをくり返しています。この睡眠のリズムは、生後1歳頃まで続き、徐々に大人と同じように眠れるようになります。

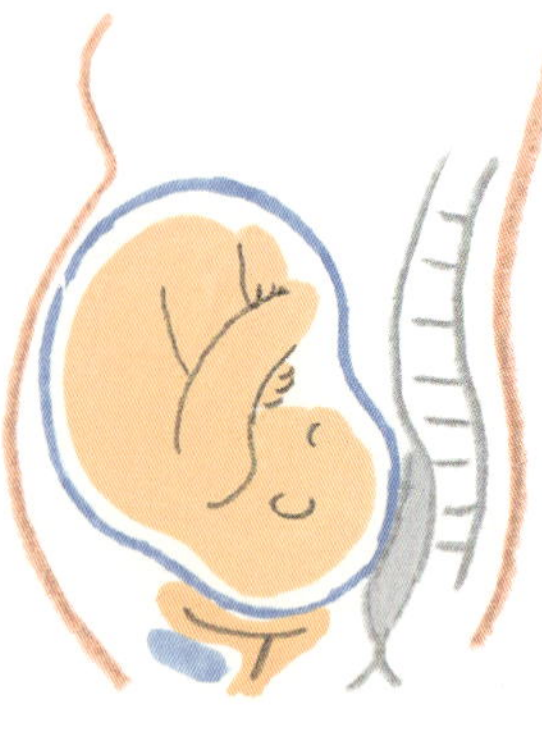

べられないからといって、外食が続くひともいるでしょう。でも、本来はあまり予定を入れずに力を抜いて過ごしたい時期なのです。

近年は出産の高齢化が進み、20代であればそれほどひどくなかったむくみや腰痛、痔などの症状に多くの方が悩まされています。とくに痔は、産後の痔も含めると、ふたりにひとりの割合で起こるトラブル。いい妊娠生活を送るには、出産と産後に向けたからだづくりと休養が大切です。また、あかちゃんに栄養が行くため、おかあさん自身がミネラル不足でイライラしがちです。なるべく精製されていない食材を使って、ミネラル分の多い自然な食事を摂るようにしましょう。

出産は個人差があり、かならずしも決まった症状が出るわけではないので、ひとと違っても焦ることはありません。頭であれこれ考えるのはやめて、肩の力を抜いてリラックスして。妊娠・出産は、女性がからだの本能を取り戻す絶好の機会でもあるのです。

乳頭のお手入れ

妊娠後期になると、おっぱいも大きくなり、初乳が出るひとも。あかちゃんは乳首が1cm出ていないと吸いにくいため、乳頭にオイルをつけて前につまみ出し、吸いやすい乳首にしましょう。これは、産後、あかちゃんの吸いつきに負けない皮膚にするためのトレーニングにもなります。

会陰マッサージ

出産時に会陰が伸びないと裂けてしまうことがあり、その前に医師が切開する場合も。やはり会陰を切りたくないという方は、日頃から食物オイルで会陰をマッサージし、出産時に会陰を伸びやすくしておきましょう。カレンドラオイルは傷ついた皮膚の修復にも効果的。28週頃から行うとよいでしょう。ただし、あかちゃんや母体の状態によっては、医療判定で会陰切開になることがあります。

腰痛・こり・足のむくみ対策

骨盤ベルトやさらしで動きやすく

骨盤がゆるんで、歩くのもつらいときは、骨盤ベルトやさらしを巻いて、おなかを支えてあげると、動きやすくなります。骨盤ベルトは、おなかの下で巻くと、あかちゃんが苦しくなりません。

床ふきで背中のこりほぐし

大きいおなかで、からだを動かすのもひと苦労なときは、床や窓のふき掃除を。肩から腕を動かすので、背中のこりがほぐれ、おっぱいの張りも軽減。からだを動かすと骨盤の中にあかちゃんがしっかり入るので、36週を過ぎ、臨月に入っても、ふき掃除やウォーキングなどはむしろ積極的にしたほうが、お産がラクになるといわれています。

出産時期を決めるのはあかちゃん

臨月になると、あかちゃんはだんだん骨盤の中に入っていきます。出産時期が来ると子宮の壁がしまりはじめ、あかちゃんを包んでいる卵膜が破れ、破水が起こります。最近の学説では、あかちゃん自身からホルモンが分泌され、臍帯から胎盤に、胎盤からおかあさんの脊髄を通って脳に指令が行き、出産が起こるとされています。出産時期を決めるのはあかちゃんなんですね。

はじめて あかちゃんを 迎える おとうさん講座❶

ぼくたち、いったいどうしたら…

［妊娠中のサポート編］

お産に協力したいけれど、いったい何をしたらいいの？　そんな男性に向けて、専門家からアドバイスをいただきました！　できることから、少しずつ。「ふたりのお産」を一緒にたのしんで！

お話＊浅井貴子さん（助産師）
取材・文＊草刈朋子　イラスト＊松尾ミユキ

臨月は、からだを曲げる動作がつらい時期。足の爪を切ってあげるとよろこばれます。

妊娠中は細やかな気遣いとスキンシップをはかって

女性は妊娠すると、つわりの症状が出たり、嗜好が変わりやすくなったりします。女性が仕事をしているなら、帰宅後はまず休ませて、食事もなるべく女性の食べたいものに合わせましょう。妊娠初期は胎児にニコチンの影響が出やすいため、タバコのたしなみ方も気を遣いたいところです。

中期に入ると、胎動が活発に。そんなとき「きょうはよく動く？」と聞いてもらうだけでも、女性はうれしいもの。積極的におなかに手を当てて、あかちゃんに話しかけを。妊娠線のケア（P21）などもスキンシップがはかれて、リラックスが深まります。

後期に入るとおなかは大きく、それに合わせてからだの動きは緩慢になります。この時期は家事を分担するなど身体面でのサポートを。足のむくみ、腰痛、肩こりに悩まされる時期なので、足や背中をオイルを使ってマッサージしてあげましょう。そうしてあかちゃんが生まれたときには、ねぎらいのことばをどうぞお忘れなく！

大切なその日を
すこやかに、のびやかに

かぞくで迎えるお産

お産は、新しい世界へのパスポートを
受け取るようなものかもしれません。
かぞくが増えることへの期待と不安。
生まれてきてくれてありがとう。
産んでくれてありがとう。
そんなお産のかたちを、探してみませんか？

 撮影＊MASAYO

子どもはよろこびながら生まれてくる

いつかあかちゃんを迎えるために。
そう思ってから、食べるもの、
暮らし方が変わっていったという民さん。
からだが求めるものに素直に従ううちに、
ふたりのお子さんを自宅で出産することになった
民さんの、お産ストーリーです。

民《タミィ》さん（アーティスト、マクロビオティックインストラクター）
撮影＊MASAYO　文＊山本貴緒

おなかに宿ったいのちに
ひとは癒される

使い込まれたピアノと大きな太鼓・ザブンバ。楽器に囲まれたご自宅は、ぬくもりあふれる佇まい。黒豆茶とお皿いっぱいの完熟金柑でもてなしてくださった民《タミィ》さんは、少し

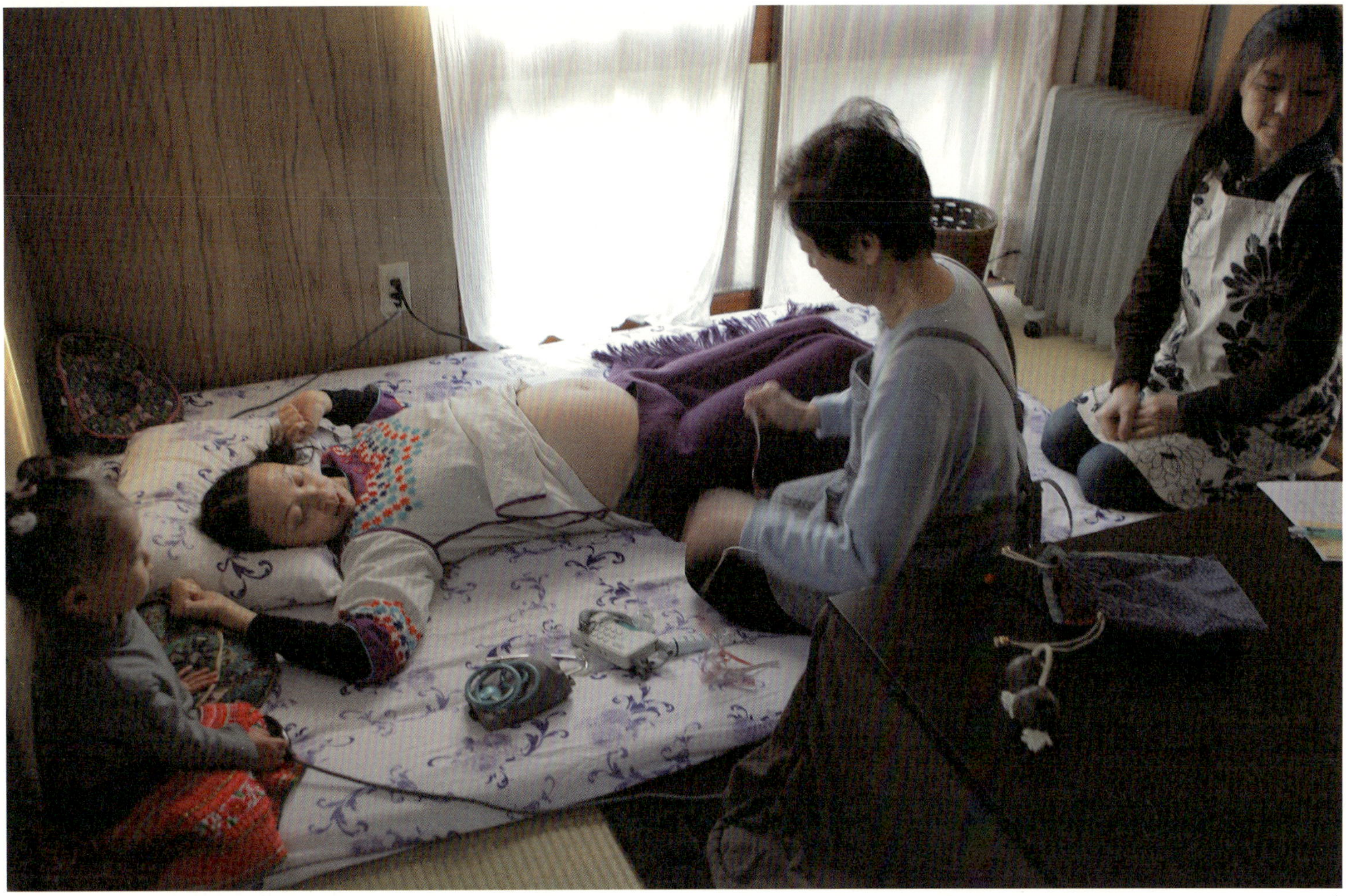

はにかみながら、ゆっくり話してくれました。
「はじめて妊娠したときは、気持ちがキラキラしてしかたないという感覚でした。とにかく五感が冴え渡って、ひとがまとっている波動みたいなものまで感じられるほど。
　そして不思議なことに、妊娠中のわたしに会うと元気になったと、何人もの方から言われました。きっと、おなかに生命が宿っているという状態は、ふだんよりもエネルギーに満ちているからなのでしょうね」
　だから妊娠中いつも、〈自分を選んでくれてありがとう〉という気持ちでおなかのあかちゃんに接していた、と民さん。夫の青柳拓次さんも、そのこころもちに共感しながら隣にいてくれたと言います。

自分らしいお産のために少しの知恵を身につけて

　マクロビオティックのインストラクターとしても活躍する民さんですが、そのきっかけは、じつはお産への意識にあったとか。

「マクロビオティックをはじめたのは、自宅で出産できるからだになっておきたいと思ったからなんです。

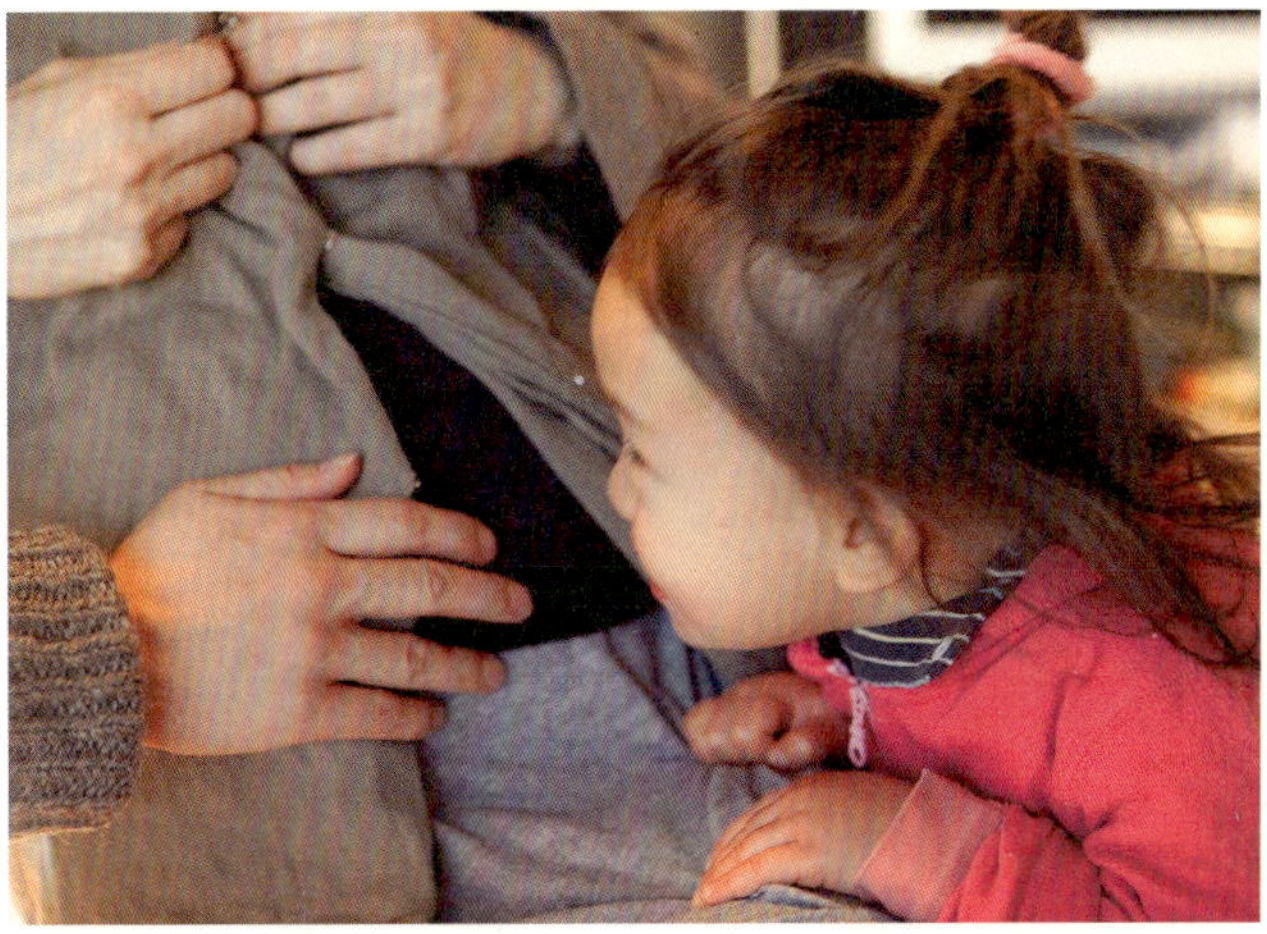

現代社会に生きていると、知らず知らずのうちに難産型のからだになってしまうことが多いといわれます。いつか、ちゃんと自分らしい出産ができるようにと、睡眠、食事、運動を意識するようになりました」
　といっても、実際に妊娠してみるとやはり食欲も旺盛に。ふだんは食べないようなものがほしくなることもあったと言います。
「マクロビオティックというと、かなり厳密に食材選びをしなくてはいけないと思われがちですが、妊娠中

 [月刊クーヨン]2010年5月号に掲載された記事に加筆・修正しています。

は直感を大事にするというのがマクロビオティックの考え方。だから〈～しなきゃ〉〈～してはダメ〉という気持ちにとらわれず、気楽にやろうと思っていました。外食もしていましたし、ふたりめのときは、からだを補うためにホメオパシーの助けを借りたり。こだわりすぎず、臨機応変に」と民さん。

「でも、欲求のままに6ヶ月めでチョコレートを食べたら、出血してしまったんです。からだは正直ですね。大切なのは、からだの反応をちゃんと感じることなんです」

ただ、少しだけ注意したいのは、バランスの崩れやすい妊娠初期だとか。

「この時期はすっぱいフルーツがほしくなるのですが、熱帯性のくだものや柑橘類を摂りすぎると流産を招く危険があるといわれます。だから、わたしの場合は、リンゴジュースにしたり、温めて飲んだりと、少しだけ工夫をしていました」

それでもやはり、妊娠中はおおらかでいられるのがいちばん。それには食などについて、ちょっとした知恵を身につけていると安心だと、民さんは言います。

産むことは
自分と深く向き合うこと

そして、はじめて迎えた出産の日。外は雨風吹き荒れる嵐でした。

「それなのに、産んだ瞬間にさーっと空が晴れ渡って静けさに覆われたんです。と同時に、わたし自身は、味わったことのない平和な気持ちに包まれました。自分の中が空っぽになって、一本の筒になったような感覚です」

すると、予期せぬことばが口からほろっとこぼれ落ちたと言います。

「〈舞蓮《まれん》〉。上の子の名前です。自分が発したという意識はなく、自分を超えた大きな何かにからだを貸しているような、とても神聖な体験でした」

出産直後のこの感覚は、民さんにとって、からだの不調があるたびに〈立ち返る地点〉になっているとか。

「あれこれ意識して生活していても、からだもこころもときには滞ったり詰まったりします。でも、お産で自分がまっさらになった状態を感覚的に知っているので、そこに立ち返ればいいのだと思えるようになりました。

陣痛の痛みに、声を上げ、
訴え、ゆだねる。
遠慮なく振る舞える
家族の前だから、
自然に産むことが
できたのかもしれない。（民さん）

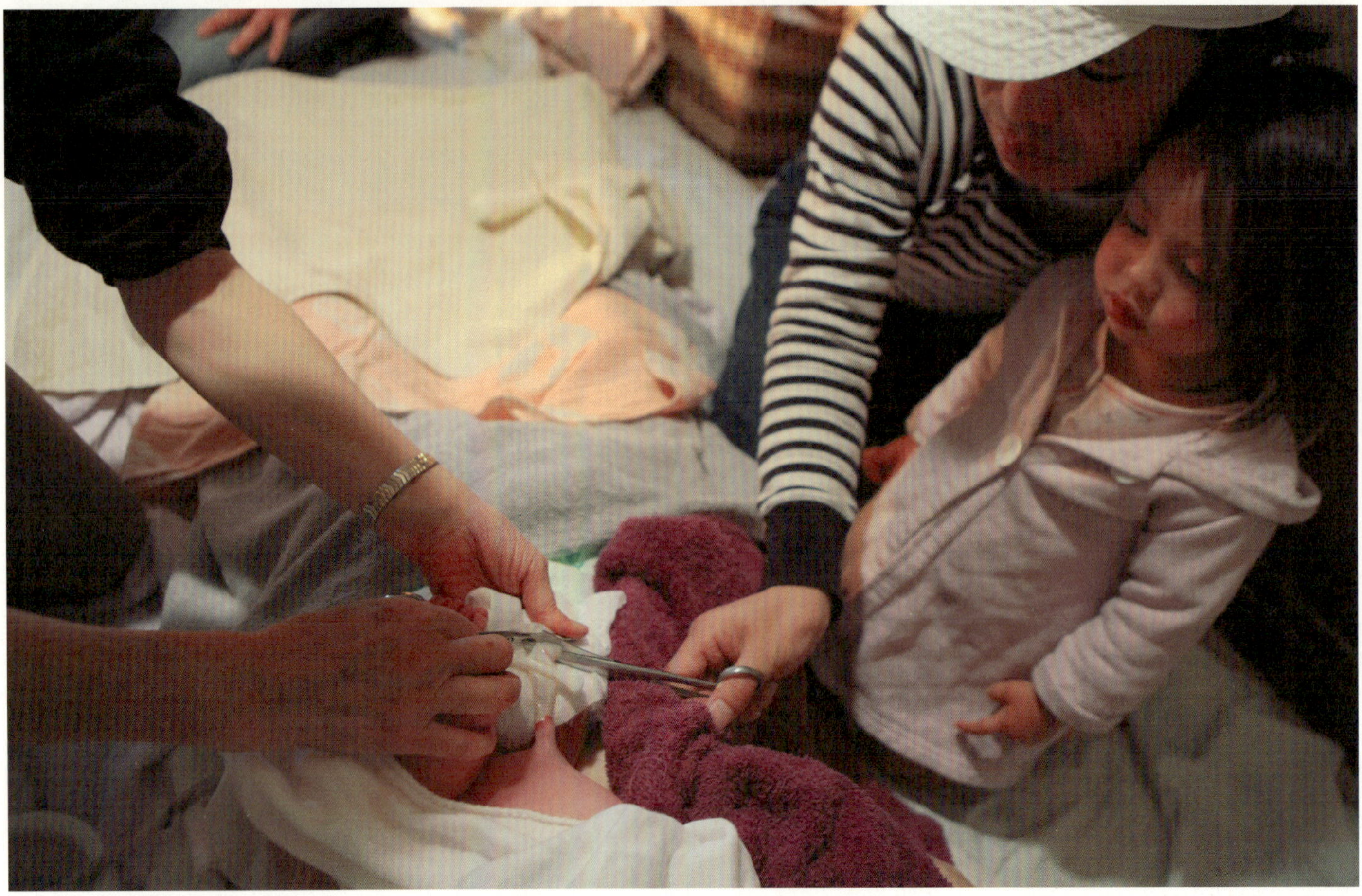

青柳さんと舞蓮さんで、天俐さんのへその緒を切りました。

産後のうつもあったんです。しあわせを感じると同時に、壊れやすいほど繊細になっていましたが、それも感情のデトックスだと思えば、気に病む必要はなくなります」

出産で、完全にクリアになった自分を体感した民さん。結果的に、お産は、自分自身と深く向き合う体験にもなったというわけです。

生まれるよろこびは 生きるよろこび

「いま、病院で生まれて病院で死ぬのがあたりまえというような状況になっています。だから、本当はどういうお産をしたいかに気づかないまま、出産に臨んでしまうひとも多いのでは」と民さんは疑問を投げかけます。

「わたしは、自分のお産はめいっぱいたのしい想い出にしたいと思っていました。アイヌの産婆さんの本で〈子どもはよろこびながら生まれてくる〉というフレーズを読んだとき、だったら、わたし自身のよろこびにもしたいと、強く思ったんです。実際、子育てをしていると、子どもはよろこびのただなかに生きているのだということをひしひしと感じます」

助産師さんが、胎盤をきれいに並べてくれて、味わってみました。

生まれてくることがよろこびなら、生きることもよろこびなのだと。

「羊水検査で障がいがわかるといちを摘んでしまうという選択もできる時代ですが、舞蓮を育てながら気づいたのは、大切なのはこの子の〈状態〉ではなく〈存在自体〉だということです」

そして民さんは、ふたりめも自然と自宅で出産することに。

「夫に抱きつきながら息んでいるわたしの股の間から、舞蓮は天俐《あむり》が生まれてくる瞬間を見つめていました」

こうして、よろこびながら生まれ

舞蓮さん、
天俐さんを迎えて。
「こんにちは、あかちゃん！」

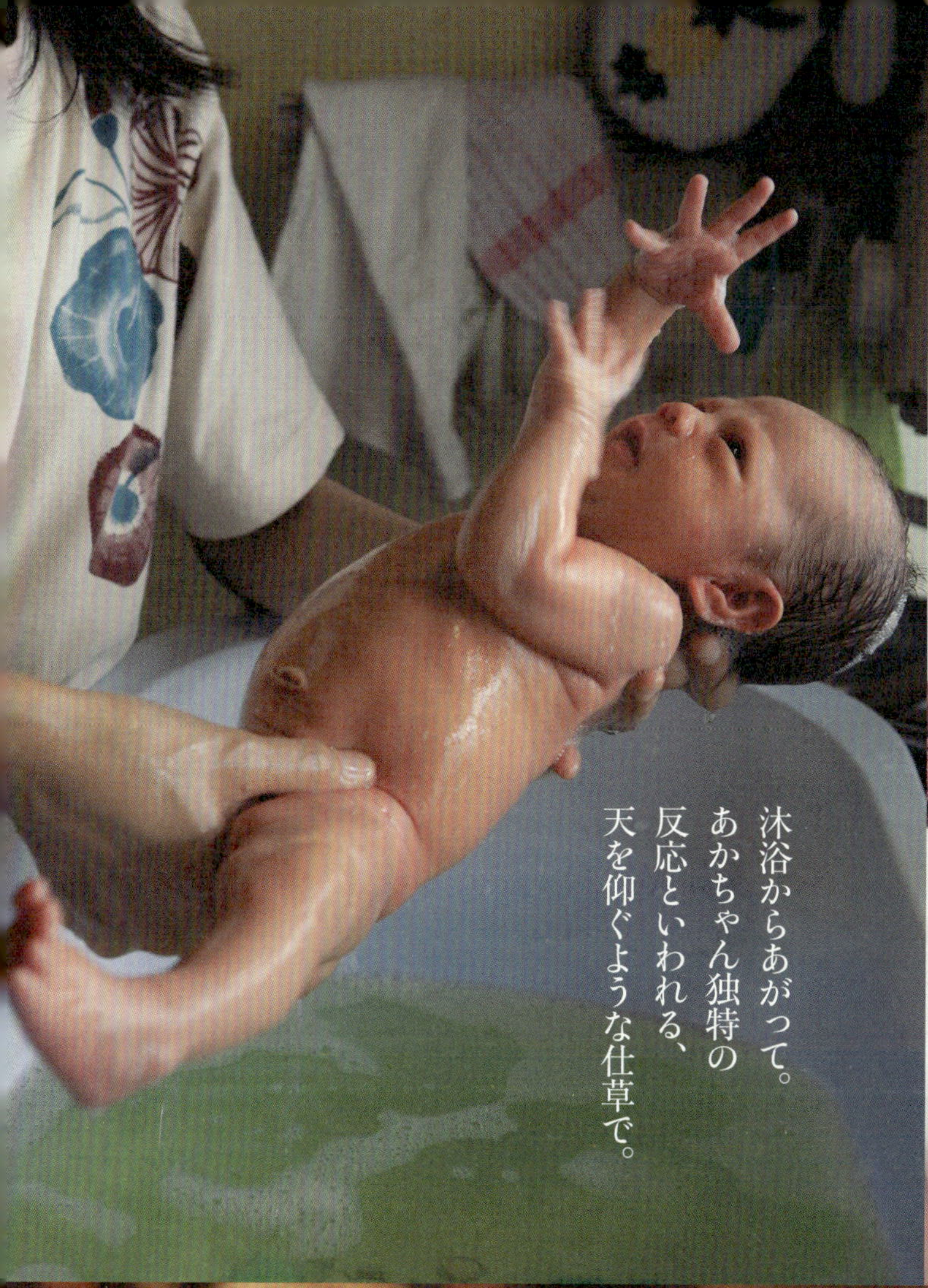

沐浴からあがって。
あかちゃん独特の
反応といわれる、
天を仰ぐような仕草で。

さっぱりして、
おかあさんのそばへ。
元気に泣いています。

新しい家族の温もりに、自然と笑顔があふれる舞蓮さん。

てくるあかちゃんに、家族全員で共鳴することになったのです。

お産を考えることは生き方を考えること

「お産は生き方だと思うんです。特別なようでいて、特別ではない。たとえば、オーガニックな食事をすることもひとつの生き方ですよね。お産も同じ。夫は、出産の体験を〈大人になるための通過儀礼〉と表現していました。お産は、ひとが生きて成長していく流れのなかに、自然にあるものなのです」

どういう暮らしを選択し、どんな価値を大切にして生きたいか――その延長線上にお産もある。だからきっと、一人ひとりに合ったお産があるはずだと民さんは言います。

「わたしは自宅出産しか経験していませんが、助産師さんといい信頼関係がつくれれば、助産院も快適だろうなと思います。というのも、うちは夫も母も料理が苦手なので、産後わたしが動けないときには焦げたお餅が出てきたり……。そんなとき助産院だったら、おいしい食事を出してもらえるんだろうなと思って」と、笑う民さん。

そんな民さんご家族は、来年、沖縄に引っ越す予定です。

「大自然に子どもを任せて育てたいと思っています。そしていつか、夫に心配をかけずに、海の中で大自然と一体となって、ひとりきりで出産してみたいというイメージがいま、ひそかに膨らみつつあるんです」

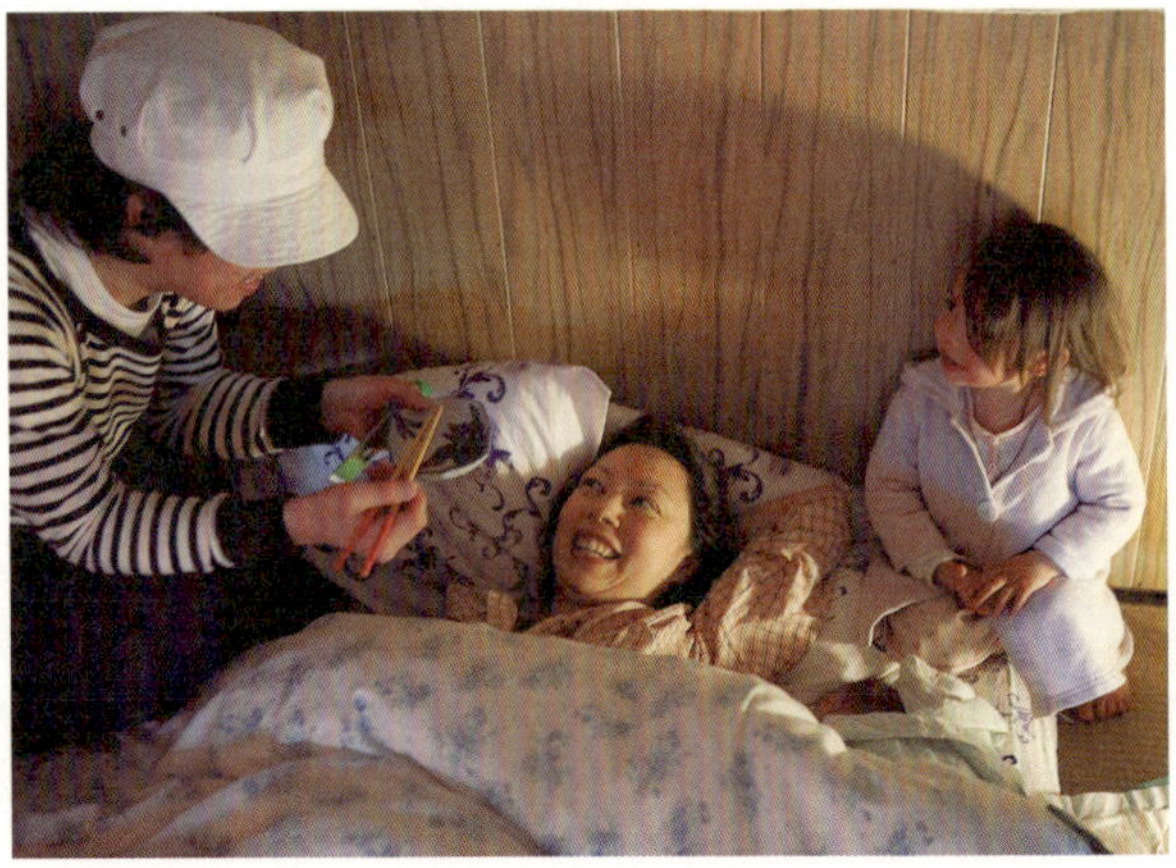

タミィ　ナチュラルライフアーティスト。夫とともに音楽活動を行い（現在休止中）、画家、マクロビオティックインストラクターなど多彩な顔をもつ。2児の母。著書に『ライスビート　たべてきこえるマクロビオティック』。現在は沖縄で、放射能排出を助ける商品などを取り扱う「民商店」を営む。http://tamie-shouten.com/

おとうさんがお産で担う役割は、
決してちいさくはありません。

お産を一緒に迎えることは、
大人になるための
通過儀礼という気がした。（青柳さん）

自分のお産は自分でつくる

「お産」は、妊娠に気づいたときからはじまっています。自分らしい出産のために、自分や家族にできることを考え、これからはじまる長い「子育て」のスタートを切りませんか。からだとこころを整えて、お産に臨むポイントを、マタニティ・コーディネーターのきくちさかえさんにお聞きしました。

イラスト＊松尾ミユキ

お産のコンセプトを決める

助産師外来を利用して、お産のプランを決めよう

妊娠がわかったら、最初に考えるのは「産み方」。どこで？ どうやって？ あふれる情報から自分の納得できるお産を選ぶのはなかなか大変です。大切なことは、自分の価値観や健康状態、家族の事情などをベースに、お産のコンセプト（プランづくりの大方針）を決めること。それを基準にお産のレシピをつくっていくのです。その作業を助けてくれるのが、最近増えてきた「助産師外来」。経験豊かな助産師が時間をとってカウンセリングしてくれます。

お産のコンセプトのヒント

- 施設へのアクセス（距離や交通の便など）
- 実家に戻って出産するかどうか
- 出産方法（例…医療介入の少ない自然なお産、自宅出産、水中出産など）
- NICU（新生児集中治療室）など緊急対応の充実度
- 小児科や婦人科などとの連携
- 医師や助産師とのコミュニケーション
- 夫や家族の立ち会い
- 母子同室かどうか
- 施設や設備の充実度（例…最新か、サービスがよいかなど）
- 母乳育児への支援

などなど

産む場所、産み方を決める

自分のからだを一緒に考えてくれるところを

「立ち会い出産を」「上の子を立ち会わせたい」など、お産のコンセプトが決まったら、それに沿った「産む場所」「産み方」を考えると、具体的なプランを立てやすくなります。「施設に確認しておきたいポイント」を整理し、外来や見学のときに実際に確認しましょう。その際のスタッフの対応なども判断材料になります。「カンガルーケア」*「母乳育児支援」などを掲げていても、ことばの定義がそれぞれ違うことも。それらがどんな方針で、どう用いられているか、施設側の判断基準もよく聞いてみましょう。

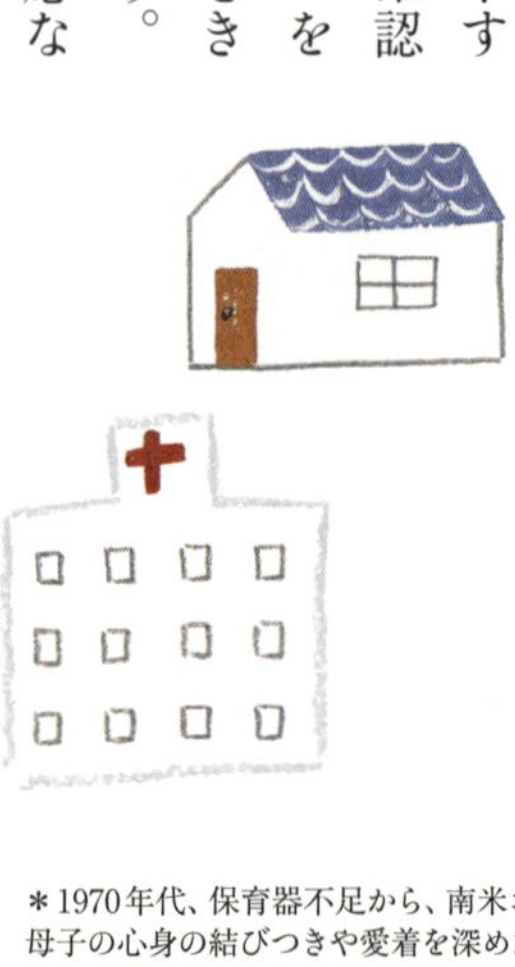

施設に確認しておきたいポイントの例

- 立ち会えるのはだれか（夫、子ども、親など）
- 入院のタイミング
- 分娩監視装置、胎児モニターをつけるタイミング
- 陣痛促進剤、誘発剤、麻酔薬などについての方針や用いられ方
- ルーチンな医療処置（会陰切開、浣腸、剃毛、点滴など）の方針や用いられ方
- 出産姿勢や場所、スタイルなどの自由度（分娩台、床、水中など）
- 分娩の場所に持ち込めるものや、できること、過ごし方などに制限があるかどうか
- 分娩時にやってみたいこと（呼吸法、シャワー、マッサージ、足湯、照明の調節、音楽、アロマなど）
- 出産直後のあかちゃんとの対面方法や、授乳についての方針と方法
- 母子同室か、どのような環境か
- 母乳育児支援があるか、どのように支援しているか
- 妊娠期間中をどのように過ごしたいか、妊産婦の習慣を応援してもらえるか（マタニティヨガ、ウォーキング、食事管理、健康管理、自然療法など）
- そのほか、希望として伝えたいこと、共有してもらいたいこと

＊1970年代、保育器不足から、南米コロンビアではじまったとされ、母親が直接あかちゃんを抱いて保温する新生児ケア。NICUでのあかちゃんのストレスを緩和したり、母子の心身の結びつきや愛着を深めたりする効果が高いとされる。一方で、新生児の死亡や重い障がいが残る事例の報告もある。（編集部）

産院とのコミュニケーション

変化するからだとこころの不安を相談できる関係を

日が経つにつれて、からだの変化もはっきりしてきます。とくに初産の場合は予期しない変化に不安や疑問も出てくるはず。

家族や友だち、ママ友など、相談できる身近なひとを探したり、助産師に、気になっていることを率直に相談したりしてみましょう。ほとんどのことがらは、誰もが経験することなので、相談して共有することで負担も軽くなるはず。

出産計画の変更や転院、体調の不安など具体的な疑問、解決したい問題がある場合には、産院のスタッフに相談しましょう。

バースプランと違う
確認・共有したはずの出産計画と実際が違う場合は、話し合いの場を求めましょう。

やっぱり転院したい
問題解決が難しければ「転院」も視野に入れて。転院先を決めてから、紹介状を書いてもらいます。

お産以外の心配がある
出産や育児の経済的な不安、家族関係の問題などがある場合は、遠慮せずに相談しましょう。

体調が悪い、不安が強い
からだやこころの状態がよくないときには、時間をとってゆっくり話を聞いてもらいましょう。

妊娠期の過ごし方を考える

「お産」のスタートです。からだとこころを整えて

お産の準備として、妊娠初期から、出産の環境づくりやからだづくりをスタートさせましょう。

自分自身のこころとからだの準備、家族との関係のケア、知人や職場などへの対応、産後育児の準備など、妊娠期間中は意外にやるべきことが多く、また、産後はゆとりがなくて、できなくなることも多いものです。この時期にこそできることを、しておきましょう。

妊娠の報告

家族や親戚、友人……。仕事をもっているひとは職場へ。いつ、どんなタイミングで報告するか、健康状態や、ライフスタイルに応じて検討し、早めにパートナーや家族と話し合って決めておきます。

家族との関係

ふたりめ以降の妊娠では、新しいいのちの存在を、だれより早く上の子どもが察知することも多いもの。新しく迎える家族についてどう伝えるか、妊娠中や出産時の、夫や上の子との過ごし方や態勢を、急な入院の場合も視野に入れて話しておきます。

からだづくり

妊娠早期からのからだづくりは大切。妊娠～産後はホルモンの作用で、からだづくりの効果が上がりやすいもの。ヨガやウォーキング、骨盤ケアなどのエクササイズやセルフケアをはじめましょう。

食事と栄養

おかあさんが口にしたものは、おなかのあかちゃんのからだのもと。望ましいのは風土に根ざした伝統食ですが、食事管理に熱心すぎてストレスにならないよう、おいしく、たのしく、をこころがけて。

からだの不調

妊娠初期にはつわり、後期には大きくなったおなかの影響でからだにも負荷がかかりがち。自分なりの体調・健康管理の方法を用意しておいて。

産後の準備

産後はあかちゃんや家族のお世話で自分のことはあとまわしになりがち。家の中の環境整備はもちろん、自分自身のやっておきたいことなども済ませておきましょう。

［月刊クーヨン］2010年5月号に掲載された記事に加筆・修正しています。

「いよいよ」の日を迎えたら

からだのサインで「お産のとき」を知る

臨月に入ると、お産の進み具合をチェックするため健診の回数も増えます。初産と経産ではお産の進みに差がありますが、お産のはじまりは、基本的に同じ。ただし、おもなサインのどれが最初に表れるかには個人差があります。「お産のはじまり」に気づけるように、陣痛の進行や、出産までのプロセスをおさらいしておきましょう。緊急入院への備え（連絡や交通の手段など）も確認を。

「お産のはじまり」のサイン

破水
子宮収縮で卵膜が破れ、羊水が流れ出てきます。破水したら、すぐに産院に連絡しましょう。

おしるし
卵膜と子宮がずれて少量出血します。おしるしから陣痛開始までの時間は、直後〜数日と、個人差があります。

陣痛
初産に比べて経産婦は一気に陣痛が進むことが多いので、早めに連絡する必要があります。

産院に連絡
出産経験の有無などで、お産の進みは異なります。医師・助産師の指示に従いましょう。

あとは自然にまかせて

お産（陣痛と分娩）の過ごし方

ようやくここまで来ました！　お産のコンセプト決めから産院選び、妊娠中のさまざまな準備など、たくさんの選択と判断を自分でしてきたのですから、「あとは産むだけ」です。

お産のプロと、パートナーの助けを得て、すばらしい誕生の瞬間を体験してください。

パートナーにできるサポート
陣痛のがしの方法はいろいろあります。パートナーに腰（骨盤背面）をマッサージしてもらうとラクになります。方法に決まりはないので、自分が「気持ちいい」と感じるポイントや、やり方でしてもらいましょう。

自分のからだとこころを信じて産む

研究者として、出産と女性をめぐる状況を見つめてきたきくちさんに、自分らしいお産を迎えるためのヒントをうかがいました。

お話＊きくちさかえさん（マタニティ・コーディネーター）　写真協力＊きくちさかえ

あなたはからだを信じて、大切にしていますか？

産科医療は現在、さまざまな問題が重なって、危機的状況にあります。産科医や助産師が不足し、産婦人科診療所や病院の産科が閉鎖になるところも出てきて、「産む場所がない」状況になっている地域もあります。

40年前までは、約半数のあかちゃんが自宅で生まれていましたが、いまでは自宅出産は0・1％未満。大半が医療設備の整った病院でのお産になっています。

「お産」は病気ではないはずですが、万が一のためにと、多くのひとが、万全の医療を得られる出産環境を求める傾向にあります。そうした背景のひとつに、女性たちが自分自身のからだに自信をもてないまま大人になり、妊娠するまで自分のからだを見つめる習慣がなかった、ということも挙げられるのではないでしょうか。

「女は子を産み育てるのが仕事」と、ほとんどのひとが疑うことがなかった時代と違って、いまは、性別を超えてだれもが自分の意志で生き方を選べる、選択と可能性に満ちた時代です。それは、すばらしいことです。

ところがその一方で、月経や妊娠・出産といった、女性特有のからだのリズムやはたらきを、社会生活上のハンディキャップと考えて、なんとかコントロールしようとする傾向があります。

納得のいくお産。それが、自分らしいお産

お産という未知の体験に対して、不安や恐怖が先立ってしまうのは、わたしたちの親世代から、適切な「からだの意識教育」を受けてこなかったことの表れでもあると思います。

自分のからだの内側で起こる「自然」のはたらきや変化を「得体の知れないおそろしいもの」ととらえるのではなく、自分の内に眠っていた未知の可能性、才能と思って、仲よくなってみてほしい。おもしろがったり驚いたりしてみてほしいのです。

そのからだをもって、ちいさないのちを産むのはほかならぬ自分なのだ、と感じられれば、「とにかくお医者さんに任せておけば安心」とは思わなくてすむようになるでしょう。

かけがえのない自分のからだとあかちゃんのいのちがよろこぶ「お産」の助けになればと、自分らしいお産をプランニングできるよう、より具体的なヒントを『お産のレシピ』（学陽書房／刊）という本にまとめたのもそんな思いから。自分のからだの声に耳を傾けて、自分で考え、選ぶことで、一人ひとりにとっての「よいお産」が増えてくれれば、と思います。

きくち・さかえ　マタニティ・コーディネーター。写真家。社会デザイン学博士。世界16ヶ国以上の出産を取材し、マタニティ雑誌、医学専門誌、新聞などに数多く作品を発表。妊娠・出産・育児のサイト「babycom」理事。
http://www.kikuchisakae.com/

お産のスタイルいろいろ

どこで産む？ どうやって産む？
いろいろある出産スタイルから、
自分らしいお産を求めて
納得のいく選択をしたご家族に、
それぞれの「お産」体験をお聞きしました。

イラスト＊松尾ミユキ
取材・文＊高橋紡（P40、44）
取材・文・撮影＊澤田佳子（P42）
撮影＊ピスタチオ
取材協力＊アクア・バースハウス
http://www.aqua-birthhouse.com/

← 自分で選べる
お産のスタイルは
いろいろあります。 →

経膣分娩が可能なひとが
選べるお産

自然分娩

病院では「自然分娩」であってもお産の進み次第で、会陰切開や薬液の点滴、補助器具などの医療処置（ルーチン医療）を行って出産することが慣例化。助産院では、医療処置はしません。

計画的なお産

（医療処置のできる産院／病院）

医療介入

*自然分娩が困難と判断されたら帝王切開に

開腹して外科的にあかちゃんを取り出す帝王切開。事前にお産のリスクがわかって計画的に行う場合と、自然分娩の途中から緊急で切り替える場合とがあります。

医師や助産師の判断により、母体や胎児の状況によっては医学的に選択の余地がない場合もあります。

＊できる限り自然のままの陣痛発来を待って、産道＝膣を経て（経膣）分娩すること。また器具や薬品などの医療介入を最小限にする分娩方法です。ただし会陰切開や陣痛促進剤などは自然分娩でも一般的に行われているため定義はさまざま。

吸引／鉗子《かんし》分娩などの医療処置

自然分娩の進み具合によって、産道であかちゃんの元気がなくなったときなどに、医師の判断で、娩出を助けるための補助器具を用いて行われる、緊急処置。

誘発（計画）分娩

出産日を決め、子宮収縮を促進するホルモン剤などを投与して陣痛を誘発する計画的な分娩のこと。母体や胎児の健康状態や、家族の事情に応じてお産をコントロールする目的で行います。

無痛（麻酔）分娩

腰椎近くの硬膜外に麻酔注射し、分娩の痛みを感じない状態でする出産。欧米では一般的で、多くはホルモン点滴による誘発分娩とのセットで行われます。

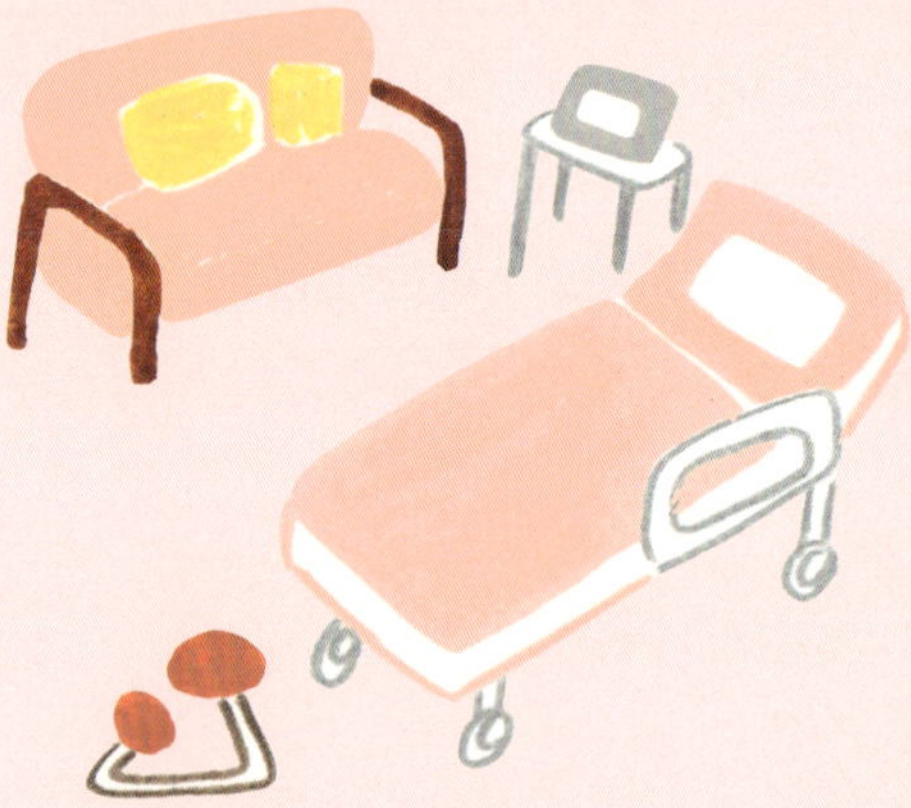

LDR

「陣痛（Labor）」「分娩（Delivery）」「回復期（Recovery）」の、お産のプロセス（入院後～産後約2時間）を、ひとつの部屋／ベッドでパートナーとともに過ごせる設備・方式のこと（分娩方法の種類とは異なります）。

主体的なお産

（おもに助産師／助産院）

自宅出産

病院や産院ではなく、自宅で産むこと。助産師さんが自宅まで来てくれ、住み慣れた環境で、家族に見守られてお産をできることが特長。フリースタイル出産のひとつ。

フリースタイル出産

自由なスタイルや姿勢で出産に臨んで産むこと。主体的に選ぶことから「アクティブバース」ともいわれ、「ハイハイ」のポーズや椅子、産み綱、バルーンを使うなど、自由な姿勢で臨めます。

水中出産

妊産婦が主体的に選ぶという意味で、水中出産もフリースタイル出産の選択肢のひとつ。清潔な浴槽にお湯を張って出産するので、環境が整えば自宅出産でも可能です。

自分らしい
お産スタイルを選ぶ

「自然分娩」という名前だけを見ると、医療的な処置をせずに、自然のままに産むこと、と思いがちですが、お産の進み具合によって、緊急帝王切開などが必要になる場合もあります。

また多くの病院では、会陰切開や点滴などの医療処置（ルーチン医療）は、自然分娩のうちの処置として、一般的に行われています。

そうした処置や、分娩台での出産に抵抗を感じるひとは、助産院でのフリースタイル出産（アクティブバース）や、自宅出産を選ぶこともできます。

最近は、お産内容を自分で選べる病院なども増えているようです。産むひとの希望をどこまで受け入れてもらえるのか、くわしく聞いてみましょう。

自分で調べて、選んで。結果的に「よい選択だったな」と納得できれば、それはもう「自分らしいお産」だといえるはず。

フリースタイル出産

「お産のすばらしさ」をふたりめで体験！

坂東いづみさん、結太さん（2歳）、みつきさん（2ヶ月）

坂東いづみさんご夫妻は、最初の出産のときには、お互いの実家を頼ることはせず、自宅から徒歩10分の距離にある大学病院での出産を選びました。

「夫は仕事が忙しくて、夜勤や急な出勤もあるため、とにかく家から近いことが絶対条件でした。はじめてのお産はスムーズだったし、後悔はないけれど、もう二度と分娩台には上がりたくない、って思ったんです。夫も、『（わたしの）頭のほうから見守ることしかできず、残念だった』と感じていたみたいです」

看護師として働くいづみさんは、職業柄、医療の現場の事情がわかりすぎ、滅菌した器具を汚したり、むやみに助産師さんを呼んだりするのは悪いと遠慮してガマンをしてしまったそうです。

第2子となるみつきさんを授かったときの産院選びの第一条件は、「子連れ出産ができること」でした。

「携帯サイトで調べて、自宅近くの助産院を見つけました。どんな体勢で産んでもいいという『フリースタイル出産』を取り入れていて、家族みんなで、あかちゃんが生まれてくるところをちゃんと見届けたいという、家族全員の希望を叶えてくれる環境でした。

「気に入って選んだ助産院ですが、妊娠中は、外来でも助産師さんたちと深いコミュニケーションを取りきれなかったなあ、という反省もありました。でも、いよいよお産！　というときに、助産師さんたちが本当に誠実に、やさしく対応してくれて。『このひとたちに任せれば大丈夫！』と、病院では感じられなかった信頼感が湧きました。

分娩そのものは、大きなクッションにしがみついて、立て膝の姿勢で産みました。自分にとっていちばんラクな体勢で、すぐそばで夫と息子が励ましてくれる安心感は大きかったですね。あかちゃんの頭が出たとき、結太が『うーたん（自分のこと）、あかちゃんのおにいしゃんになる！』と片言で言ったのを聞いて、『お産をそばで見せてあげられてよかったなあ』と思って。あまりにすばらしい体験だったから、育休が明けて、みつきが保育園に入れたら、わたしも助産師を目指したいなと思っているんです」

2度目の出産体験は、坂東さん家族に、新しいいのちと、新たな夢もくれたようです。

ばんどう・いづみ、ゆうた、みつき　看護師として、第1子、第2子の妊娠中もフルで働いていたいづみさん。外科や内科に勤務してきたが、新しいいのちの可能性と未来に感動して、本気で助産師になりたい、と思うように。

帝王切開

「児頭骨盤《じとうこつばん》不均衡」で、急きょ帝王切開に

福原利恵子さん、準人さん、沙羅さん（3歳3ヶ月）

福原利恵子さんは、予定日の朝に、「骨産道と児頭骨の不一致」で経膣分娩は困難と診断されたため、帝王切開で沙羅さんを出産しました。小柄な利恵子さんの骨盤内の通り道がやや狭く、あかちゃんの頭が通り抜けられないとの判断からです。

「初産で、手術にも不安はありましたが、夫とも相談して万全を期すことに。経過の見通しがたったぶん、産後の家族の協力も得られて結果的には正解でした。アットホームな病院で、術後の回復期も母子同室。リラックスして過ごせたのがよかったですね」（利恵子さん）

心配された術後の傷の痛みや後陣痛も軽く、産後の養生もかえってゆつくりでき、回復の助けになったと言います。

ふくはら・りえこ、はやと、さら　神奈川県横浜市で美容院を経営する福原さん。利恵子さんのおかあさん、準人さんのおねえさん夫妻と、家族総出で仕事と子育てをきりもり中。

Birth Data
沙羅さんのお産の記録

お誕生日
2007. 1. 25

妊娠期間
40週4日

分娩時間
0時間40分

体重
3,206g

身長
50.0cm

妊娠＆お産のエピソード
医師から手術の意思を尋ねられ、利恵子さんのおかあさんの判断で、手術を行うことになった。

産院選びのポイント
自宅、仕事場などから近く、アットホームな雰囲気で、近所の評判がよい産院に。

Birth Data
みつきさんのお産の記録

お誕生日
2010. 1. 9

妊娠期間
37週0日

分娩時間
7時間15分

体重
3,004g

身長
50.0cm

妊娠＆お産のエピソード
ありがとう、の気持ちを込めて夫と一緒に胎盤を食べた。「マグロみたいで意外とおいしかったですよ」

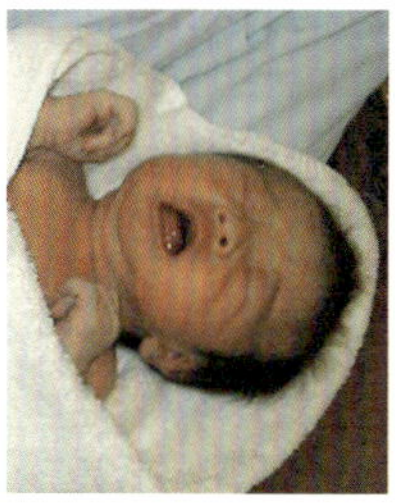

産院選びのポイント
「自然なお産」にこだわりすぎると不自然なお産になる、というのが夫と共通の考え方なので、自宅から近くて立ち会い・子連れ出産ができ、費用面でも納得できた、世田谷区内の助産院「アクア・バースハウス」（写真）で出産。

妊娠＆お産のエピソード
お世話になった助産師さんたち。陣痛が来たとき「痛い！」と叫んだら、忙しいのに飛んで戻ってきてくれたことがうれしくて「このひとたちなら、信頼してお産を任せられる！」と思ったとのこと。

水中出産

妊娠期の直感を信じ、水中出産に

トゥーヒグかおりさん、**カール**さん、**ナサニエル**さん（3歳）、**禅**さん（2ヶ月）

トゥーヒグかおりさんはマタニティヨーガのインストラクター。日頃から、妊婦さんたちとヨーガを通じて、「あかちゃんとのつながり」を大切にする時間を過ごしています。そんな環境もあって、出産の話を耳にする機会の多いかおりさんは、「いろんなスタイルでの出産を体験してみたい」と思っていたと言います。そのなかでも水中出産を選んだのは、何より「気持ちよさそう」と感じたからなのだとか。

「妊娠中は感覚が繊細になるでしょう？ だから、『ここで産みたい』というような選択は、自分の直感に従うのがいいと思います」

第1子のナサニエルさんの出産のときも、今回と同じ助産院のアクア・バースハウスで水中出産を希望していましたが、陣痛待ちの間にあかちゃんの頭が出てきてしまい、お風呂に入る前に出産することに。結果的には、水中出産には間に合わず、お産室で、お連れ合いのカールさんと助産師さんに助けられながら出産しました。

「助産師さんには『よくあることよ』って言われました（笑）。最初の出産でお世話になった助産院は、助産師さん同士の連携がよく取れていて、ごはんもおいしかったから、次の出産もまた同じところで、と決めていたんです」

2度目の出産となった、今回の禅さんの出産では、念願の水中出産を果たしました。

「温かいお風呂に入ったときにすごく気持ちがよくて、アロマの香りにも包まれて、心地よかった。水着に着替えたカールも一緒にお風呂に入って、わたしの前にいて励ましてくれました。後ろからは助産師さんがサポートしてくれて。産後は、事前に登録していた臍帯血バンクのための採血をしたり。

カールには、水中出産のほうがラクに見えたようですが、水中だからラクだったというよりは、ふたりめだから落ち着いていた、という気がします。

分娩中は、カールが一緒にいてくれるだけで充分でした。『すごく痛いんだから、叫んであたりまえだよ』と言ってくれて、うれしかったですね」

やはりお産でいちばん支えになるのは、パートナーの存在なのですね。

Birth Data
禅さんのお産の記録

お誕生日
2010. 2. 11

妊娠期間
40週2日

分娩時間
2時間23分

体重
3,996g

身長
52cm

妊娠＆お産のエピソード
第1子も水中出産を希望していたが、お風呂に向かう前に頭が出てきて室内で出産。第2子の禅さんで待望の水中出産を体験。

産院選びのポイント
産院のひとたちが好き、ごはんがおいしい、気持ちいい、そんな感覚を大事に選んだ。「ここで産みたい」と思う場所での出産がよいという考え。

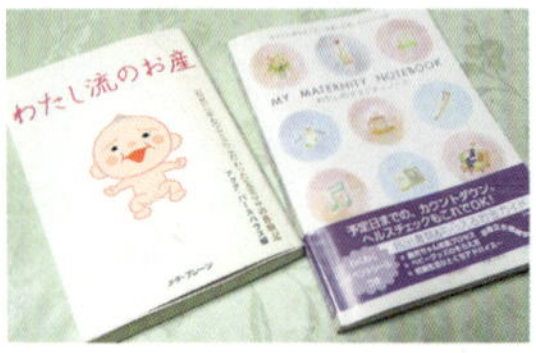

妊娠＆出産で役に立ったグッズ。たくさんの出産体験談が載ったアクア・バースハウスの本『わたし流のお産』。マタニティダイアリーも重宝したもののひとつ。ブログで妊婦生活を記録。http://matanityyoga.blog66.fc2.com/

水中出産のための助産院の浴室。温水につかると筋肉の緊張がほぐれ、陣痛が和らいで精神的にリラックスできます。

とぅーひぐ・かおり、かーる、なさにえる、ぜん　職業柄、妊娠前からお産に前向きなイメージをもっていたというかおりさん。初産からお世話になっているアクア・バースハウスは、自宅から車で30分程度と近く、フリースタイルでのお産ができることから選びました。

総合病院

からだの不安に備え、安心できる病院で出産

久米朋子さん、良寛さん、柳之介さん（6ヶ月）

久米朋子さんと良寛さんは、妊娠がわかるとすぐに都内の病院を受診し、その場でお産の予約をしました。

「実は、妊娠前に卵巣のう腫で卵巣を片方摘出し、経過観察中だったんですね。自分のからだ、とくに婦人科系に不安があったので、一日も早く、安心して妊娠や出産の日を迎えるためにも、迷わずその場で、病院でのお産を決めました」（朋子さん）

妊娠もお産も、経過はとても順調でした。妊娠中にも、のう腫が見つかったものの、つわりも軽く、産休まで元気に仕事もできたと言います。

「初産とは思えない！」と驚かれるほどスムーズだった分娩に立ち会った良寛さんにとっても、お産は深い感銘を受けるものだったそうです。

「立ち会い出産で、分娩の迫力に気圧されるひともいるそうですが、ぼくにはすごくよい体験だった。あっという間のできごとでしたけど、このひと（朋子さん）がこんなにがんばっている姿をはじめて見ました」（良寛さん）

退院後はからだの戻りもよく、良寛さんのおかあさんも手伝いに来てくれ、自宅での育児生活がはじまりました。

「あかちゃんのいる暮らしは、やっぱり慣れるまでは大変。最初の1ヶ月は互いに必死でした。でも、（一軒家を数世帯でシェアする）このコレクティブ・シェアハウスの入居者のみんなが、つかず離れずの関係で、話を聞いてくれたり、ほんの一瞬でも柳之介を抱っこしてくれたりすることで、気持ちの面でもすごく助けられましたね」（良寛さん）

「周囲の手助けを受けながら、新しい暮らしのリズムをふたりで、ゼロからつくり上げていったこの時期の経験がすごく大事だったなと実感しています。先にどちらかが育児の『やり方』を確立して、もう一方がそのでき上がったものに乗っかるのではなく、一緒に取り組んできたことで、『同士』としての絆ができたから」（朋子さん）

からだやライフスタイルの実情を率直に見つめて決めた病院でのお産は、久米さんのご家族にとっての「自然な選択」だったといえそうです。

くめ・ともこ、よしひろ、りゅうのすけ
それぞれ不動産関係と建築関係の仕事をしている朋子さんと良寛さんの住まいは、NPO法人運営のコレクティブ・シェアハウス。世代や職業の異なる「他人」が共同生活する家では子育てサロンも開かれる。多くのひとに囲まれて、柳之介さんものびのびと育っています。

Birth Data
柳之介さんのお産の記録

お誕生日
2009. 8. 21

妊娠期間
39週6日

分娩時間
5時間56分

体重
3,004g

身長
52cm

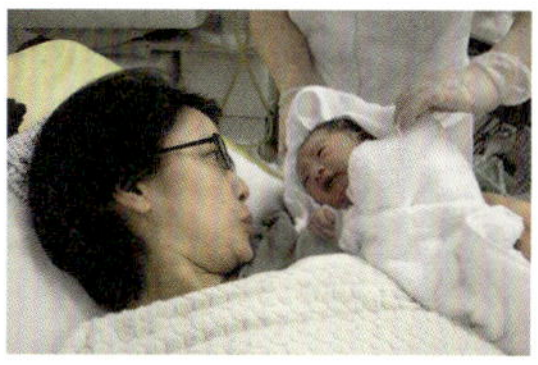

妊娠＆お産のエピソード
予定日前に前駆陣痛で入院するも一度は帰宅。でもすぐに陣痛が再開し、あわててタクシーで病院へ。夕方の渋滞にはまって車中で破水、病院到着と同時に分娩室へ入ってわずか40分のスピード産。

産院選びのポイント
万一の場合にも医療対応ができて、通勤しながら通える場所の病院を希望。医師の第一印象や相性がよかったので決めた。

自宅出産

念願の自宅出産を
3人めでついに実現！

風間紗喜さん、ゆたかさん、晨さん（4歳）、幹さん（3歳）、
安紗さん（5ヶ月）

いつか自宅で出産してみたい、と思ってきた風間さんご夫妻。第3子となる安紗さんの出産で、ようやくその希望がかないました。

「ひとりめの晨は大学病院、ふたりめの幹は助産院でのフリースタイル出産と、みな違うスタイルで産みました。初産のときの病院での出産体験は、疑問や後悔も多かったので……。家族みんなが満足できる出産のかたちを探すなかで、助産院でのお産を選びました」

第2子を授かったときも、自宅での出産を希望していましたが、家族の心配や反対、ゆたかさんが多忙すぎたこともあって、助産院に。

「自宅ではなかったけれど、病院とはあまりに違う、穏やかで静かなお産の体験に、からだ本来の自然さや神秘性を感じて。もうひとり授かったら、次こそは自宅で産もう！　とさらに決意を固めました」

1年半後。三たびあかちゃんを授かり、幹さんのお産のときにお世話になった助産院から、助産師の訪問を受けるかたちでの自宅出産を選択しました。

「接してくださるすべての助産師さんが、わたしのことをよく知ってくれていて、コミュニケーションはスムーズだったし、信頼してみてもらえました」

出産当日は、3人の助産師が来宅し、リビングルームにふとんを敷いて、自由な姿勢で出産。

「陣痛時、夫にしがみついて一緒に息むときの一体感。みんなで一緒に産んでるんだ、という感じがしました。念願の自宅出産は、これまでのどのお産よりも、リラックスして、主体的に取り組めました」（紗喜さん）

実は、自宅出産のあと、助産院で産後養生をしたという紗喜さん。自宅では上の子たちの世話もありからだを休められないので、5日間だけ助産院で過ごしました。また、紗喜さんがインフルエンザで倒れて困り果てていたときに、見かねて安紗さんを預かる申し出をしてくれたのも助産院でした。

「自宅での出産は、家族の絆をよりいっそう深める機会になりましたね」（ゆたかさん）

いまやにぎやかな5人家族となった風間さんにとって、自宅での出産は、かけがえのない体験になったようです。

もっとも納得できた「無痛分娩」で出産

清水晃子さん、貞裕さん、朝陽さん（3ヶ月）

清水晃子さんと貞裕さん夫妻が選んだお産は「無痛（麻酔）分娩」でした。腰骨の近くに「硬膜外麻酔」を施して、子宮の収縮や産道が広がる痛みを感じないようにする方法です。

「水中出産なども検討したのですが、たまたま身近に無痛分娩で産んだ友人がいて。話を聞いてみて、自分にとっていちばんからだやこころの負担が少なく、お産に対して前向きに臨める方法だと感じました。痛みがないぶんお産にも終始落ち着いて臨めたことや、産後の消耗が少ないのがよかったですね」（晃子さん）

おかげで、産後も子育てに前向きに取り組めるようになっていると言います。

Birth Data
朝陽さんのお産の記録

お誕生日
2009. 12. 14

妊娠期間
38週4日

分娩時間
4時間23分

体重
2,776g

身長
49.0cm

産院選びのポイント
近所に無痛分娩で有名な産院があり、そこで出産をした知人がいたので、くわしく話を聞いて、家族と相談して決めた。

しみず・あきこ、さだひろ、あさひ　神奈川県の江ノ島にほど近い町で暮らす清水さん夫妻。不定休の貞裕さんも休日は育児を分担。「早く家族3人で海にあそびに行きたい」とおふたり。

Birth Data
安紗さんのお産の記録

お誕生日
2009. 10. 2

妊娠期間
40週4日

分娩時間
3時間26分

体重
3,178g

身長
50.5cm

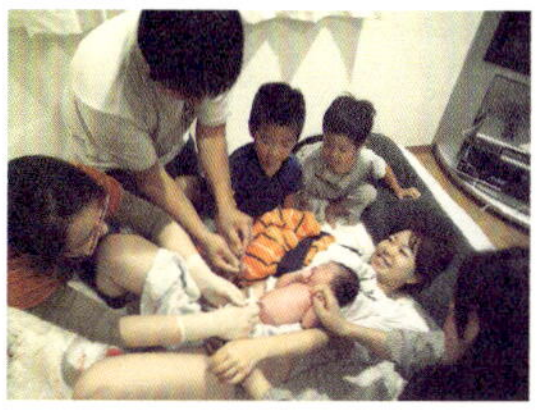

妊娠＆お産のエピソード
準備万端なのに、痛みは遠のくばかり。到着した助産師さんに『この部屋、明るすぎるわよ！』と言われ、照明を暗くしたところ、急に陣痛がはじまったのが不思議だった。

産院選びのポイント
自宅からの近さと、食事や生活指導の考え方が自分に合っているかどうか、で選んだ。

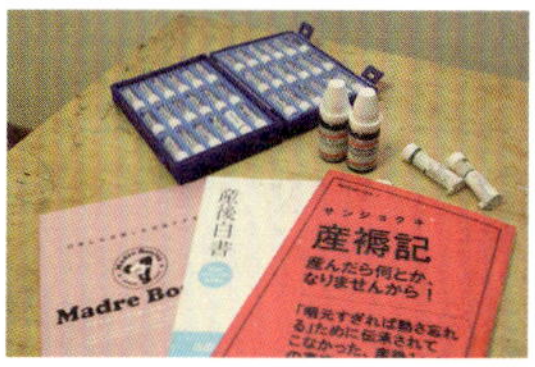

妊娠中もいまも手放せないのは、ホメオパシーのレメディと、吉岡マコさんが主宰する「マドレボニータ」の本。吉岡さんの考える母親のあり方に共感し、3人の子どもの産後にクラスに通った縁で、オフィシャルサイトの立ち上げに関わった。

かざま・さき、ゆたか、あした、もとき、あさ　出産当時に勤めていた会社を退社し、学童保育事業を立ち上げた紗喜さんと世田谷区区議会議員のゆたかさん。皆で夜にストレッチする時間が、慌しい毎日の大事なひととき。

まずは食事で体温アップ

冷えない工夫ですこやかな出産

妊娠中は、おかあさんが食べたものが、へその緒を通じて、あかちゃんの栄養に。それを考えると、何を食べたらいいのかちょっと難しく感じてしまうひともいるのでは？助産師・柳澤薫さんに、妊娠中の基本的な食事の考え方やストレスをためない食べ方について、うかがいました。

お話＊柳澤薫さん（助産師）

取材・文＊セキノツカサ　イラスト＊松尾ミユキ

冷たいものを避けて、からだを冷やさないように

妊娠中の食事を考える前に、まず、おなかの中のあかちゃんをイメージしてみましょう。あかちゃんは、おかあさんの子宮の中で、38℃前後に保たれた羊水にプカプカ浮かんで育っていきます。あかちゃんのいる子宮と、おかあさんの胃はすぐそば。ということは……

「おかあさんが冷たいものを食べたり飲んだりすると、おかあさんのからだが冷えるだけでなく、羊水やあかちゃんまで冷えて、さまざまなトラブルの原因になります。だから、栄養やカロリーうんぬんの前に、まず気をつけたいのは、冷たいものを食べたり飲んだりしないことです」と助産師の柳澤薫さんは語ります。

冷えが起こると、あかちゃんの成長が妨げられたり、流産や早産につながることも。妊娠中のおかあさんの腰痛や便秘、産後のあかちゃんのアトピーや、おかあさんのおっぱいの詰まりの一因にもなり、まさに冷えは万病のもと。

「冷たいものが絶対にダメというわ

やなぎさわ・かおる　東京都江東区にある母乳育児、自然育児相談所「ビバマンマ」所長。おかあさん1年生の頼もしいアドバイザー。著書に『母乳育児お助けBOOK』（新泉社／刊）など。http://www5f.biglobe.ne.jp/vivamanma/

基本は昔ながらの和食

ごはんは、白米でも玄米でもよいけれど、胃の弱いひとは玄米は避けたほうがベター。具だくさんの味噌汁は、手軽に栄養が摂りやすい。おかずは、旬の素材を使って、肉も魚も野菜もバランスよく。

妊娠中は避けたい食べもの

乳製品

飽和脂肪酸を多く含むので、血液がドロドロになり、冷えにもつながる。便秘解消のためにと、ヨーグルトを食べすぎるのはNG。

冷たいもの

からだを冷やす原因に。食べるときは、少しずつ、口の中で温めてから。

甘いもの

糖分がからだを冷やす一因に。甘いものを食べるときは、なるべく空腹時を避けて。

辛いもの、しょっぱいもの

のどが乾き、冷たい飲みものを口にしたくなるきっかけに。水分の摂りすぎは、むくみにもつながるので注意。

炭酸飲料

カルシウムを体外に出してしまう作用が。とくにコーラなどの糖分が多いものには要注意。

カフェイン

コーヒーや緑茶などカフェインの多いものは、温かくてもからだを冷やす作用が。多量に摂取すると、胎盤を通して、あかちゃんにも。

けではありません。冷たいものを摂るときは、少しずつ、口の中でよく噛んで、温めて食べましょう」

からだを温めるもの 冷やすもの

からだを冷やさないために、具体的には、どんな食事をすればよいのでしょうか?

「昔ながらの和食がいいですね。海と山に囲まれて四季のある日本ですから、肉も魚も野菜も、旬のものをバランスよく食べるのが何より。野菜やくだものは、地面の下や地面に近いものほど、からだを温めるといわれます。れんこんやごぼうなどの根菜類、小松菜や春菊などの青菜は、からだを温めるので積極的に食べたいもの。夏の暑いときには、なすやトマト、スイカなどを食べてもいいですが、からだを冷やすので、涼しくなったらあまり食べないようにしましょう。

特別に意識して〝からだにいいもの〟を食べることはありません。ただし、甘いもの、乳製品、炭酸飲料、カフェインを含んだもの、辛いもの、しょっぱいものは、摂りすぎないようにこころがけましょう」

ストレスをためない食べ方

ふだんの食生活を少しだけシフトして

妊娠中の食事は、これがいい、あれがダメとわかっていても、なかなか思うようにコントロールできないのが、つらいところ。

「妊娠したからといって、食事を180度変えることはありません。食べたいものをがまんしても、ストレスになるばかりですから。

　食事のバランスの目安は、主食：おかずが、6：3か、5：4くらい。残りの1は、何でも好きなものを食べればいいと思います」

〝好きなもの〟は、甘いものでもかまわないと言います。

「からだが欲しているから食べたくなるのだと思います。甘いものを食べたくなったら、空腹時には食べないようにしたり、よく噛んで味わったりと、ちょっとだけ気をつければいい。食事は〝おいしい、たのしい〟と思って食べるのがいちばんです」

Q どうしても甘いものが食べたくなります

A

食事をしたあとで食べるなど、なるべく空腹時を避けて食べましょう。空腹時に甘いものを食べると吸収がよく、また、血糖値が急に下がるので、しばらくすると空腹感が増します。

　また、アイスクリームよりは、和菓子を選ぶなど、なるべく冷たくなく、甘さや乳脂肪分が控えめなものを選んで。アイスクリームを食べるときは、口の中で温めてから飲み込むなどのこころがけを。

Q ついつい食べすぎてしまいます

A

前の晩に食べすぎてしまったら、次の日の朝は少なめにするなど、どこかで調整すればOK。

　ただし、妊娠8ヶ月以降の体重の増えすぎは、お産が大変になるので要注意。よくからだを動かすなどして、カロリーオーバーにならないように。

　食事をとるときは、よく噛むと、満腹感が得られます。

Q つわりでごはんが食べられません

A

食べられないなら、食べなくても大丈夫です。おかあさんのからだには、ある程度の脂肪などの蓄えがありますから、あかちゃんはそこから栄養が摂れます。あかちゃんができたということは、それなりに産む力があるということ。必要になれば、自然と食べたくなるはずです。

　汁ものを飲んだり、昆布やするめをしゃぶったり、何か口にできるものがあれば口にしましょう。

Q インターネットなどのいろいろな情報が気になってしまいます

A

食事の情報はあふれていますが、食生活、体型、BMI、水分量などはひとそれぞれ違うので、必要な食事も当然違ってきます。情報を鵜呑みにせずに、「いまの自分にとって何が必要なんだろう?」と考えるための判断材料のひとつにして。

からだによいか悪いかではなく、本人に合うか合わないかが大事です。たとえば、いくら玄米がからだによいといっても、消化しにくいので、胃が弱いひとには合わないこともあります。

Q どうしてもお酒が飲みたい

A

ふだんは飲まないほうがよいですが、誕生日などの特別な日があれば、ほんの少しだけ、飲んでもかまいません。なるべく吸収を抑えるために、食前ではなく、ごはんでおなかを満たしてからいただきましょう。

Q 家族が食べていると、洋食などでもつい食べたくなってしまいます

A

無理にがまんすることはありません。からだが欲しているのだから、家族の分を、少し分けてもらって一緒に食べればよいでしょう。〝おいしいな〟と思って、よく噛んで、よく味わってください。

基本は和食がいいですが、洋食がダメというわけではありません。主食も、菓子パン以外なら、パンのときがあってもいい。家族や自分のペースに合わせて、無理のない範囲で実践してください。

Q 両親や義父母があれこれ口を出してきます

A

心配してくれている気持ちをくんで、「ありがとう」と感謝してください。ただし、おしえてくれる情報は、自分には合っていなかったり、何十年も前のことだったりも。自分の考えをしっかりもち、困ったときには相談してみて。

食事のほかに気をつけたいこと

運動

ふだんから、よく歩き、よく動きましょう。血の巡りがよくなってからだが温まりますし、ほどよくカロリーが消費されて、ほどよくおなかがすきます。妊婦体操やマタニティヨガをするのもよいですが、ほうきではいたり、雑巾がけをしたりといった、昔ながらの家事がおすすめ。買いものに出かけるのも、適度な運動になって、ストレス発散にもなりますよ。

睡眠

パートナーの帰りが遅いと、どうしても夜更かししがちに。夫婦で過ごす夜のひとときも大事ですが、ほどほどに。妊娠中におかあさんが夜更かしすると、生まれてくるあかちゃんまで夜型のサイクルになる傾向が。産後に夜起こされて、眠れなくなってしまいます。また、昼間や食後に眠たくなったら、いつでも寝ればOK。ちょこちょこ睡眠でも疲れが取れます。

入浴

シャワーだけでなく、湯船にゆったりつかり、からだを温めましょう。温度は、極端に熱かったり冷たかったりしなければOK。おかあさんが気持ちよくリラックスすると、あかちゃんもリラックスしてよく動きます。安定期に入ったら、乳輪に石けんをつけてマッサージし、あかちゃんが飲みやすいおっぱいにしておくのも◎。お風呂場はすべりやすいので、転倒にはよくよく注意して。腹部を圧迫する姿勢も避けましょう。

服装

化繊はからだを冷やすので、なるべく絹や綿、ウールなど自然な素材のものを身につけましょう。とくに下半身が冷えて、上半身がのぼせた状態になっているひとが多いので、タイツや靴下などをはいて下半身を温めるようにして。靴は、ヒールが高すぎるものはNGですが、ペタンコでもバランスがとりにくいと思います。ひとそれぞれですが、3cmくらいのヒールがラクだと思います。

ハローベビー助産院（青森県青森市）

院長…溝江好恵
所在地…青森県青森市駒込字蛍沢289-39
tel 017-742-7500

つくって、食べて。妊娠期の食事の参考に

産院・助産院のごはんレシピ

食事への想いは、助産院によって、さまざま。
家庭での食事のヒントになる、院の特徴やメニュー例を紹介します。

取材・文＊三井ひろみ
イラスト＊中村美穂

ある日のメニュー（夕食）

- 七分づきごはん（キビ、アワ、アマランサスを日替わりで混ぜる）
- ホタテ・エリンギ・ズッキーニの串焼き
- 水菜と塩切り昆布の和えもの
- 白菜・りんご・しらすのサラダ
- けの汁（郷土料理）

野菜たっぷり
滋味たっぷりの
青森の郷土料理

けの汁

材料（3〜4人分）
昆布…1/2本（10g）、煮干し…3本（20g）、水…500㎖、大根…1/4本、にんじん…1/2本、ごぼう…1/2本、ふき（水煮）…2本（80g）、わらび（水煮）…1本（60g）、こんにゃく…1/2枚（80g）、油揚げ…2枚、金時豆（水煮）…適量、味噌…大さじ3

つくり方

1 昆布の汚れをキッチンペーパーで拭きとる。煮干しは、頭とはらわたを取る。鍋に水を入れ、昆布と煮干しを3時間つける。昆布と煮干しを取り出して火にかける。沸騰してきたら弱火にして、アクをすくう。

2 大根、にんじんは皮をむき5㎜角に切る。ごぼうは汚れを拭き取り、皮をむかずに5㎜角に切る。ふき、わらびはそのまま5㎜角に切る。

3 こんにゃく、油揚げは縦半分に切り、5㎜幅に切る。

4 1のだし汁に大根、にんじん、ごぼう、こんにゃくを入れて弱火で煮る。根菜がやわらかくなったら、ふき、わらび、油揚げ、金時豆を入れて、弱火で1分ほど煮る。最後に味噌を加えて味をととのえる。

特産のりんごを使った
新鮮な組み合わせの
シンプル・サラダ

白菜・りんご・しらすのサラダ

材料（3〜4人分）
白菜…2枚、りんご…1/4個、しらす…大さじ4（60g）

つくり方

1 白菜は葉のうち、芯に近いやわらかなところ（内側の葉）を洗って横切りに、少し細めに切る。

2 りんごをいちょう切りにする。

3 フライパンを熱し、しらすをから炒りする。

4 1〜3をボウルに入れて混ぜ合わせる。好みでドレッシングをかけて。

郷土の恵みをいただく野菜中心の養生ごはん

もともと助産院の数が少ないという青森ですが、同院はとくに、無農薬野菜を使った無添加のおいしい料理が大評判。

院長の溝江好恵さんは「食と健康セミナー」を毎月開催し、母子の健康なからだづくりをサポート。ふだんの食事に関しては、「同じものばかりを連続して食べない。妊娠初期から、油、砂糖、肉、卵、乳製品を頻繁に食べない。ミネラルをじょうずに摂る」との指導をしています。とくに産前産後は生魚は控えて、とのこと。疲れたからだに取り入れると、じんましんを引き起こすこともあります。

ちなみに、青森に伝わるお産の養生訓は、具のない「貝焼き味噌*」を食べること。今回はそんな滋養あふれる郷土料理から「けの汁」をご紹介いただきました。「け」とは「粥」のこと。昔は米が貴重だったため、小正月に山菜や野菜を細かく刻んで米に見立てて食べたのがはじまりといいます。あかちゃんから大人までアレルギーなども気にせず食べられる、先人の知恵がつまった料理です。

＊貝焼き味噌…大きなホタテの貝殻に水を入れて味噌を溶かし、卵と長ネギや豆腐、ホタテやカレイなどを入れて食べる青森の郷土料理。

みどりご助産院（茨城県那珂市）

院長…工藤登志子
所在地…茨城県那珂市豊喰1108-4
tel 029-219-8841
http://www16.ocn.ne.jp/~midorigo/

ある日のメニュー（夕食）
- 玄米粥
- モロッコインゲンのえごま和え
- いろいろ野菜の浅漬け
- かぶのきび炊き
- 凍結乾燥じゃがいもの変わりマリネ
- かぼちゃと油揚げの味噌汁

地元のひとたちに支えられた穀物菜食のごはん

農業王国・茨城県にある、2床のみのちいさな助産院の食事を支えているのは、地元の有機農家のお米や野菜と、近所の方の家庭菜園で採れた新鮮な野菜。油控えめの穀物菜食が基本ですが、近海の新鮮な魚を出すことも。地元名産の納豆は、乳児の出血性疾患予防に有益で、妊娠後期におすすめです。

かぶは皮ごと！
きびと一緒に炊いた
やさしい味わい

かぶのきび炊き

材料（3～4人分）
きび…1/3カップ、葉つきのかぶ…大4個、昆布…10㎝、水…2カップ（約400cc）、塩…小さじ1、しょうゆ…小さじ1

つくり方
1 きびはやさしく、すすぐようにといで、水が透明になるまで洗う。洗い不足はえぐみの原因になるので注意。
2 かぶは、葉を切り落とし、皮つきのまま8つ切りにする。
3 かぶの葉は塩少々（分量外）を入れた熱湯でさっとゆがく。水気をしぼり、2㎝幅に刻む。
4 昆布は調理バサミで3㎜幅に切る。
5 鍋に水を入れ沸騰させる。沸いたお湯にかぶときびと昆布を入れ、蓋をして中火にかける。
6 蓋がコトコトと音を立てる程度に沸騰したら、ごく弱火にする。塩を入れ20分ほど炊く。
7 6にしょうゆを入れて軽く混ぜ、さらに5分ほど蒸らす。
8 3を散らして、できあがり。

めぐみ助産院（埼玉県新座市）

院長…小松とし子
所在地…埼玉県新座市野火止6-15-10
tel 048-478-4489
http://megumi-js.jp/index.html

ある日のメニュー（昼食）
- ごはん（白米）
- 白和え
- けんちん汁
- あじのひらき
- 大根とさつまあげの煮物
- 白菜の漬けもの

魚と野菜を欠かさずに品数多く、バランスよく

化学調味料無添加の昔ながらの料理や、からだを芯から温めるものを、品数多く、バランスよくいただけるように考えられた和食中心のメニュー。主菜は魚料理、副菜は野菜の煮物が定番です。おかあさんとあかちゃんのための栄養と健康に配慮した、母乳にもよい自然食をすすめています。

栄養的にも
バランスが取れる
具だくさんのスープ

けんちん汁

材料（4人分）
にんじん…1/2本、大根…1/4本、里芋…中4個、こんにゃく…1/4枚、油揚げ…1枚、しめじ…1/2袋、サラダ油…大さじ1杯、水…600cc、かつおだし…小さじ2、しょうゆ…大さじ1 1/2、ねぎ…1/4本

つくり方
1 にんじんと大根は皮をむき、5㎜幅のいちょう切りにする。
2 里芋はよく洗って泥を取る。皮をむいて半分に切ったら、さらに3㎜幅の半月切りにする。
3 こんにゃくは湯通しして、手でちぎる。
4 油揚げは熱湯で油抜きし、縦半分に切って2枚を重ね、さらに5㎜幅で切る。
5 しめじは房を1本1本ほぐす。
6 鍋にサラダ油を入れ、中火でにんじん、大根、里芋、こんにゃく、油揚げ、しめじを炒める。しんなりしてきたら、水、かつおだし、しょうゆを入れて煮る。薄く輪切りにしたねぎを散らしてできあがり。

若草助産院（千葉県千葉市）

院長…小林昌代
所在地…千葉県千葉市中央区矢作町423-2
tel 043-222-4103
http://osan-kojo.com/wakakusa/

ある日のメニュー（昼食）

・きのこごはん
・あずきかぼちゃ
・ひじきサラダ
・ふのり汁
・りんごともちあわの葛煮

自家菜園で採れた季節の野菜を食卓へ

助産院の庭には、この院でお産をしたおかあさんたちが手入れをするちいさな菜園があります。大切に育てられた季節の野菜は、助産院の食卓へ。こころを込めて育てられた野菜は、なんともいえないおいしさ。野菜のほか乾物や雑穀も多用。「からだにやさしく手軽でおいしい！」がモットー。

おやつにもなる くだものと穀物の 健康レシピ

りんごともちあわの葛煮

材料（4人分）
りんご…1個、もちあわ…1/4カップ（120g）、塩…少々、シナモン…適量、ストレートりんごジュース…1カップ（180cc）、本葛粉…大さじ2
＊お好みでレーズン、黒糖や甜菜糖を入れてもおいしい。

つくり方
1 りんごは皮つきのままひと口大に切る。
2 もちあわは、ふるいか茶こしを使ってよく洗う。
3 鍋に1と塩少々、お好みでシナモンを入れ、弱火でじっくりと煮る。
4 りんごから果汁が出てきたら、2とりんごジュースを入れ、木べらで焦げないようにかき混ぜる。
5 もちあわがりんごジュースを吸い、もったりとして鍋に「の」の字が書けるようになったら火を止め、15分ほど蒸らす。このとき、火の通りがまだ足りないようであればりんごジュースを加えて炊く。
6 鍋に再度火をつけて、2倍の水で溶いた本葛粉を振り入れ、木べらで軽く練る。本葛粉が透明になりとろみがついたら火を止める。粗熱が取れたらできあがり。

松が丘助産院（東京都中野区）

院長…宗 祥子
所在地…東京都中野区松が丘1-10-13
tel 03-5343-6071
http://www2.odn.ne.jp/~cdk23230/

ある日のメニュー（昼食）

・ほうれん草の海苔和え
・ブロッコリーの白ごま和え
・根菜の煮物
・ピーマン、パプリカ、しらたきのじゃこ炒め
・ごはん（酵素玄米）
・味噌汁（わかめ、ねぎ）

味つけは、だしを基本にさまざまにアレンジ！

主食は酵素玄米のごはん、おかずは野菜が中心で糖分と油分は控えめ。アレルギー対策にもつながる食事です。味つけの基本は、かつお節や昆布でしっかりとっただし。また、同じ野菜でも、ごま和え、おかか和え、梅和えなどさまざまにアレンジして、バリエーション豊かにする工夫もしています。

海の香りと栄養がいっぱい

ほうれん草の海苔和え

材料（3～4人分）
ほうれん草…1束、焼き海苔…1枚、しょうゆ…適量

つくり方
1 ほうれん草をゆでて、水にさらしたらしぼって、食べやすい大きさに切る。
2 ほうれん草にしょうゆを適量かけ、食べる前に焼き海苔をちいさくちぎって混ぜる。

助産院 バースあおば（神奈川県横浜市）

助産師…仲 かよ、柳沢初美
所在地…神奈川県横浜市青葉区鴨志田町509-1-1F
tel 045-962-7967

ある日のメニュー（昼食）

- 酵素玄米ごはん
- 小松菜と海苔の味噌汁
- 鶏肉と夏野菜のトマト炒め
- つるむらさきと わかめのおひたし
- 豆腐のきのこあんかけ
- 切り干し大根とえび、きゅうりの酢のもの
- いろいろ野菜のごま味噌和え

肉も魚もバランスよく菜食に偏らない食事を

カロリー計算よりも、旬の食材を取り入れた、バランスのよい献立を重視。極端な菜食はすすめず、野菜中心でありながら、肉や魚も含めた和食が基本です。基本的には、何でも食べるように指導。ただし、脂っこいものや甘い菓子類は避け、食べたらそのぶん動くこと。味つけは薄味に。

切り干し大根の歯ごたえもおいしい！

切り干し大根とえび、きゅうりの酢のもの

材料（人数に合わせて分量は適量）
切り干し大根、ボイルえび、きゅうり、塩、すし酢、だし汁

つくり方
1 切り干し大根はさっと水洗いして水気をきっておく。
2 ボイルえびを粗く刻む。薄切りにしたきゅうりを塩もみし、しぼる。
3 すし酢をだし汁で薄め、1と2を和える。

幸助産院（長野県駒ヶ根市）

院長…川手幸子
所在地…長野県駒ヶ根市赤穂福岡14-1692
tel 0265-83-0264

ある日のメニュー（昼食）

- ごはん（七分づき米）
- 野菜の天ぷら（大根おろし、天つゆ）
- かぼちゃの煮つけ
- 野菜と卵のサラダ
- 自家製たくあん
- オレンジ

米、野菜、動物性のものを4：2：1の比率で

歯の種類と本数（臼歯16本、切歯8本、犬歯4本）から、米4：野菜2：動物性1の比率を食事に生かしています。食材は、地場の新鮮なものを。旬の魚介類や野菜は、天ぷらにするとたくさん食べられて意外とヘルシー。おすすめの食材は、菜種油、モンゴルの岩塩、畑で収穫した新鮮な野菜。

ほくほく自然の甘みがたまらない

かぼちゃの煮つけ

材料（3～4人分）
かぼちゃ…$\frac{1}{4}$個、だし汁…250cc、中白糖…小さじ$1\frac{1}{2}$、しょうゆ…大さじ$\frac{1}{2}$、みりん…小さじ$1\frac{2}{3}$

つくり方
1 かぼちゃの種とワタを取り除き、3～4cm角に切り、面取りする。
2 底が深いフライパン、または鍋に、かぼちゃを入れ、それが隠れるくらいひたひたにだし汁を入れる。中火にかけ煮立ったら、弱火にしてさらに10分煮る。
3 2に中白糖を加え、落とし蓋をして5分煮る。さらにしょうゆとみりんを加え、落とし蓋をしたまま弱火で10分煮る。
4 フライパン（鍋）の中で冷まし、味を含ませたらできあがり。

生命の森　ひろ助産院（石川県白山市）

院長…井上博子
所在地…石川県白山市藤木町255-2
tel 076-274-8715
http://www7b.biglobe.ne.jp/~hiro_jyosannin/

ある日のメニュー（昼食）

- 黒豆ごはん
- サワラの煮つけ
- ブロッコリーのみぞれ酢和え
- 豆腐団子のすまし汁
- いちじく

自然の恵みをからだいっぱいに取り込んで

豊かな自然に恵まれた地元の旬の食材を中心に、乾物、豆、きのこ、海藻を織り交ぜた料理が基本です。一人ひとりの好きな野菜などを意識し、食材と対話しながら調理しています。「毎日の食事も自然からの贈りもの」と院長の井上さん。料理はどれも、こころとからだにしみ渡ります。

彩りもよく栄養満点。豆腐団子は子どもと一緒につくっても！

豆腐団子のすまし汁

材料（3〜4人分）
絹ごし豆腐…1丁（300g）、片栗粉…大さじ3〜4、ごぼう…1〜2本、大根…3cm、にんじん…3cm、わかめ…適量、生姜…1片、だし汁…4カップ、淡口しょうゆ…大さじ1、塩…小さじ1/3、おろし生姜…1片分

つくり方
1　絹ごし豆腐を器に移し、スプーンでくずす。塩ひとつまみ（分量外）と片栗粉を加え、スプーンで混ぜる。
2　ごぼうは泥を落とし、皮ごとささがきにする。
3　大根とにんじんは皮をむき、いちょう切りにして、下ゆでする。
4　塩抜きしたわかめを熱湯でさっとゆでて冷水で冷やし、食べやすい長さに切る。
5　鍋にだし汁を入れて火にかけ、2のごぼうを入れて煮る。やわらかくなったら、中火にする。
6　5に、1の種をスプーンですくい入れる。そのとき、スプーンをだし汁でぬらしながらすくうと、くっつきにくい。1個入れてみて、豆腐がばらばらになる場合は、種に片栗粉を少量加える。火が強いと種がばらばらになるので注意する。
7　6に、淡口しょうゆ、塩を入れてひと煮立ちさせ、火を止める。
8　味がしみた豆腐団子とごぼうを器にそっと盛る。3の大根とにんじん、4のわかめを上に飾り、だし汁をそそぐ。最後におろし生姜をのせる。

吉村医院・お産の家（愛知県岡崎市）

院長…吉村 正
所在地…愛知県岡崎市柱町字東荒子123
tel 0564-51-1895
http://www.ubushiro.jp/

ある日のメニュー（昼食）

- きびごはん
- かぶのカニあんかけ
- ごぼうの味噌煮
- ひじき煮

昔のものを少し食べ、あとはゆったり大らかに

「ごろごろ、ぱくぱく、びくびくしない」が基本方針。食事に関しては「昔のものを少し」、そして和食を。糖分の多いパンやパスタは食べません。白砂糖は、極力控えめに。また、贅沢なものよりも、健康な育ちの食材を食べること。あとは情報にびくびくせずに、本来もっている産む力を信じて。

だしをきっちり取り、野菜のうまみを引き出す

ごぼうの味噌煮

材料（4人分）
ごぼう…40cm×4本、だし汁…540cc、てんさい糖…小さじ1 1/2、みりん…小さじ1、八丁味噌…大さじ2

つくり方
1　ごぼうを3cmくらいの斜め切りにして、酢を入れた熱湯（湯500ccに酢大さじ1）でごぼうがやわらかくなるまで湯がく。
2　だし汁にてんさい糖、みりんを加え、八丁味噌をのばして火にかけ、湯がいたごぼうを入れて味がしみるまで煮る。火を止めて味をなじませたらできあがり。

mother ゆり助産所（大阪府大阪市）

院長…荻田ゆかり
所在地…大阪府大阪市生野区巽南3-12-9
tel 06-6751-2222
http://www.mother-yuri.com/

ある日のメニュー（夕食）

・手づくり煮込みうどん・Wa！
・里芋のおやき
・きび団子
・ひじきとほうれん草のごま和え

子どもも食べやすい「輪っか」の形をした自家製うどん

手づくり煮込みうどん・Wa！

材料（3〜4人分）
地粉（中力粉）…200g、塩…大さじ$\frac{1}{2}$、ぬるま湯…120cc、玉ねぎ…小1個、大根…$\frac{1}{2}$本、にんじん…$\frac{1}{2}$本、白菜…3枚、しめじ…$\frac{1}{2}$房、青ねぎ…1本、薄揚げ…小1枚、ごま油（白）…大さじ1、だし汁…6カップ、塩・しょうゆ…適量

つくり方
1　ボウルに地粉をふるい入れ、塩を加え混ぜる。
2　1にぬるま湯を、ようすを見ながら少しずつ加え、耳たぶの固さになるまでこねる。
3　2を直径2㎝の団子状に丸める。ぬれ布巾をかけ30分以上寝かせる。
4　玉ねぎは皮をむいて薄いまわし切り、大根とにんじんは皮をむいて短冊切りにする。白菜は芯と葉の部分に分けて、それぞれ細いそぎ切りにする。しめじは石突きを取って小房に分ける。青ねぎは薄く斜め切りにする。薄揚げは熱湯をかけて油抜きしたあと、縦半分に切り、細切りにする。
5　深鍋を中火にかけ、白ごま油を入れて玉ねぎを炒める。玉ねぎに透明感が出てきたら、大根、にんじん、白菜の芯を加えてさらに炒める。全体がしんなりとしてきたら、白菜の葉、しめじ、薄揚げ、塩少々（分量外）を加え、手早く炒める。
6　だし汁を加えて、強火にする。煮立ってきたら、塩、しょうゆで味をととのえる。
7　3で丸めた生地の1個1個を、打ち粉をしいた上で細くのばし、両端をつないでちいさなリング状のうどんにする。
8　6の鍋の中に7を入れ、鍋底にくっつかないように混ぜながら少々煮込む。うどんに透明感が出て、浮き上がってきたら、青ねぎを加えて火を止める。

関西のポピュラーな味
白味噌の甘みでおやつにもよし

里芋のおやき

材料（8個分）
里芋…15個（300g）、白味噌…大さじ2、いりごま（白）…大さじ2、片栗粉…大さじ3、ごま油（白）…適量

つくり方
1　里芋をきれいに洗い、蒸し器で蒸す（里芋のぬめりで痒くなる体質の方は、里芋の土をきれいに洗い、塩少々をまぶしつけ、30分放置してから蒸すとよい）。
2　里芋に竹串が通ったら火を止め、熱いうちに皮をむいてつぶす。
3　つぶした里芋に、白味噌、いりごま、片栗粉を入れて混ぜ合わせる。
4　3を8等分にして丸め、平たく形を整えたら、白ごま油をひいたフライパンで両面をこんがりと焼く。

自然のもつエネルギーを住まいにも、食事にも

天然素材のみで建てた健康住宅のmother ゆり助産所。阪神・淡路大震災後の野焼きによる大気汚染を体感した院長の荻田ゆかりさんが、「次世代に残すものは土にかえるもので」と考えて建てました。また、ひとが本来もつ「生きる力」に目を向ける同院。ここで出される食品はすべて無農薬・有機栽培のもの。調味料も無添加で、味噌や梅干しも自家製です。家庭で有機や無農薬のものが手に入らないときは、調理の際に水にさらす、切り方を工夫するなどの指導もしています。

「メニューは穀類、野菜中心。生の酵素も大事なので、朝はくだものを出すなどの工夫も。貧血の方にはしじみを使っています。『からだによくても、おいしくなきゃ料理じゃない！』を信条に、からだとこころがほっくりする料理をこころがけています」と荻田さん。

自然素材の部屋で出産し、愛情たっぷりの手料理をいただくしあわせを。「ごちそうさま」と退院していく妊婦さんたちに、よろこびもひとしおの日々です。

みき助産院（京都府舞鶴市）

院長…新宮美紀
所在地…京都府舞鶴市字喜多817-3
tel 0773-77-7153
http://www.maipace.info/miki-midwife/

ある日のメニュー（昼食）

・ごはん（胚芽米）
・肉じゃが（みき助産院風）
・水菜とえびのサラダ
・野ぶきとちりめんじゃこと昆布の佃煮
・にゅうめんのお吸いもの

舞鶴は肉じゃが発祥の地。玉ねぎの食感をたのしんで

肉じゃが

材料（4人分）
じゃがいも（男爵）…中4〜5個、玉ねぎ…中1個、にんじん…1/2本、糸こんにゃく…1袋（80g）、薄切り豚ばら肉…7〜8枚（160g）、グリーンピース（またはさやえんどう）…少々、ごま油…小さじ1、三温糖…大さじ4、しょうゆ（濃口）…大さじ3強（50cc）、水…約3カップ

つくり方
1 じゃがいもはひと口大（3〜4cm）に切り、5分ほど水にさらす。
2 玉ねぎは1cm幅のくし形に、にんじんは2〜3cmの乱切りにする。糸こんにゃくは充分に水切りをし、4〜5cmに切る。
3 薄切り豚ばら肉は、ひと口大に切る。グリーンピースは、熱湯でゆでて、湯を切る。
4 鍋を火にかけて充分に熱し、ごま油をひいて薄切り豚ばら肉を炒める。
5 4に三温糖を加えてさらに炒め、水分が出てきたら、しょうゆを加える。
6 5に充分に水切りしたじゃがいも、にんじん、糸こんにゃくを入れてひと混ぜする。ひたひたになる程度の水を注ぎ、強火で約20分加熱する。煮立ったら中火で煮含める。
7 6に玉ねぎを加え、木べらなどで具の上下を返し、煮汁が均一にまわるように混ぜる。
8 まんべんなく味がしみ込んだら、グリーンピースをのせる。

こだわりや決めつけは×。食事も育児もたのしんで

「たのしく、おいしく、感謝して食べる」がモットー。何でもバランスよく食べることが大事です。院の食事は、農薬使用の少ない新鮮な食材を選び、栄養面だけでなく、見た目や食感をたのしめる工夫もなされています。ゆったりとした気持ちで、食事も子育てもたのしんで。

たんぽぽ助産院（岡山県倉敷市）

院長…虫明さとみ
所在地…岡山県倉敷市玉島乙島1105-10
tel 086-525-0171
http://www.tanpopo-net.gr.jp/

ある日のメニュー（おやつ）

・さつまいも・かぼちゃ・りんごの蒸しパン

旬の野菜とくだものをたっぷり使った手づくりの味

さつまいも・かぼちゃ・りんごの蒸しパン

材料（3個分）
さつまいも…1/2本、かぼちゃ…1/4個、りんご…1/4個、ホットケーキミックス（できれば全粒粉）…1/2カップ（60g）、蒸しパンミックス…1/2カップ（60g）、水…1/2カップ（80cc）
＊ミックスを使わない場合は全粒粉120g＋重曹小さじ1弱でも代用可。

つくり方
1 さつまいも、かぼちゃ、りんごはきれいに洗って、皮つきのまま約5㎜角に切る。
2 1を塩水に3分程度ひたす。ザルにあけて、水気を充分に切る。
3 ボウルに、ホットケーキミックス、蒸しパンミックスを入れる。水を加え、さっくりと混ぜ合わせる。
4 薄紙のついたカップに、生地を3等分にして注ぐ。目安はカップの6〜7割ぐらいまで。
5 蒸気の上がった蒸し器にカップを並べ、ふきんで包んだ蓋をして強火で2〜3分蒸す。
6 生地の表面がわずかに固まってきたら、2をトッピングする。
7 ふきんで包んだ蓋をして、さらに強火で7〜8分ほど蒸す。
6 やけどをしないようにカップを取り出してできあがり。

手づくりのおやつは親子の栄養補助食

和食中心の食事の合間、午前10時と午後3時に出される手づくりのおやつが、入院中のおかあさんに評判！　消化吸収がよく、授乳中や卒乳後も充分な栄養が摂れるレシピなので、ふだんの食事の補助的役割とカロリー補給にぴったり。自宅に戻ってからは、家族や子どものおやつにも。

ぼっこ助産院（香川県高松市）

院長…山本文子
所在地…香川県高松市春日町1176
tel 087-844-4103
http://www7.ocn.ne.jp/~inochi/

ある日のメニュー（朝食）

- どんぶりごはん（白米）
- いたどりと油揚げの薄味煮　茎わかめの佃煮添え
- 塩さばの焼きもの、レタスの梅味噌ドレッシング和え
- セロリとらっきょうの酢づけ
- 出汁がらかつお節のソフトふりかけ
- 納豆
- 油揚げと小松菜の味噌汁

お年寄りも妊婦さんにもいい大家族みたいな食事

あかちゃんから高齢者までをサポートする施設内にあり、「お年寄りにいいものは、妊婦さんにもあかちゃんにもいい」との考えから、食事は、どんぶり飯に、魚と野菜が中心の日本食。地元農家のお米や「おやこ広場」で育てた野菜、野山で摘んだ野草や山菜など、ひとと地域の恵みがいっぱい。

サラダに焼き魚にたくさんつくって常備品に

梅味噌ドレッシング

材料（1年分）
青梅…1kg、砂糖…800g、麦味噌…1kg

つくり方

1 青梅は洗って、爪楊枝でヘタを取る。爪楊枝で青梅の表面に数個、ぽつぽつと穴をあける。
2 瓶に、砂糖800g、麦味噌1kgを入れて、青梅をつけておく。
3 2～3週間後に青梅を取り出してみじん切りにし、2に戻す。
4 必要な量を取り出し、酢で好みの固さにのばす。秋にはすだち酢、冬にはゆず酢と季節の柑橘系をしぼった酢を加えると、季節感がたのしめる。
5 野菜、焼き魚、肉料理などに添えて、ドレッシングソースとしていただく。

助産院 町のさんばさん（福岡県北九州市）

院長…川野敦子
所在地…福岡県北九州市八幡西区千代4丁目9-8
tel 093-618-4764
http://www.sanbasan.jp/

ある日のメニュー（昼食）

- 黒豆・大豆入り雑穀ごはん
- 新玉ねぎの丸ごとスープ煮
- かぼちゃとレーズンのサラダ
- 新じゃがの肉じゃが
- 鰆の塩焼き
- 具だくさん味噌汁
- いちご

お産は自然の営み。土の中から種が芽吹くように

自家農園で有機農法の野菜を栽培し、それらを使って院の食事をつくっています。メニューは和食中心。野菜の甘みを生かして、味つけは控えめに。お産は、土の中の種が芽吹くようなものと、院長の川野敦子さん。土からの恵みをいただくことで、お産は自然の営みであると実感できるはず。

新玉ねぎのうまみがきいたやさしい口あたり

新玉ねぎの丸ごとスープ煮

材料（4人分）
玉ねぎ…小4個、鶏ガラだし…約600cc、固形チキンコンソメ…1～2個、スナップえんどうなどの旬の緑の野菜…適量、パルメザンチーズ…小さじ2

つくり方

1 鍋に皮をむいた玉ねぎを丸ごと入れ、ひたひたになる程度の鶏ガラだしを加える。さらに固形チキンコンソメを入れて蓋をし、弱火で玉ねぎが半透明になるまで（10～12分間）コトコト煮る。
2 玉ねぎに竹串がスーッと通ったら、ひと煮立ちさせ、火を止める。
3 器に2の玉ねぎを丸ごと入れ、ゆでるなどした旬の緑の野菜を上からちらし、スープを注ぐ。さらにその上からパルメザンチーズをふる。

ほかにもいろいろ。

ごはんがおいしい助産院

矢島助産院　ウィメンズサロン（東京都国分寺市）

院長…矢島床子
所在地…東京都国分寺市東元町1-40-7
tel 042-322-5531
http://www.yajima-j.net/

ある日のメニュー（昼食）
- 桜えびと炒り大豆のカルシウムごはん（かつお節のだしがらふりかけつき）
- 野菜ポタージュ
- ひよこ豆のコロッケ（かぼちゃの皮のきんぴら添え）
- かぶとにんじんの煮浸し

無理をしないで　おいしく、たのしく！

和食中心の、たのしくおいしい食事が基本。家庭では一汁三菜にこだわらず、具だくさんのごはんや汁ものでカバーすればOK。野菜の補助役として、旬のくだものをプラスするのもおすすめ。「ひよこ豆のコロッケ」は、油で揚げずオーブンで焼くのが特徴。

助産院　マタニティアイ（北海道釧路郡釧路町）

院長…成瀬 恵
所在地…北海道釧路郡釧路町曙1-1-14
tel 0154-37-2110
http://ma-i946.com/

ある日のメニュー（夕食）
- ごはん
- 味噌汁
- 白菜と鮭の重ね煮
- じゃがいものひき肉炒め
- 漬けもの
- サラダ
- くだもの

からだがよろこぶ　シンプルな家庭料理

退院後も家庭で無理なく続けられるように、一般的な家庭料理を提供しています。旬の地場野菜をたっぷり使ったシンプルな料理が、いちばんおいしくて、からだがよろこぶ食事だと、院長の成瀬恵さん。北の大地の恵みを生かしたメニューが特徴です。

助産院ベビーヘルシー美蕾《みらい》（茨城県つくばみらい市）

院長…瀬井房子
所在地…茨城県つくばみらい市南太田500-1
tel 0297-58-3708

ある日のメニュー（昼食）
- 美蕾麺（ベトナム風野菜麺）
- 小魚と野菜の煮込み（タンザニア料理）
- 温かい柿茶

新鮮な食材を使った　いろんな味がたのしい食事

和風、洋風、エスニック風と、レパートリー豊富な食事が特徴。朝は自家製パン、昼は麺類、夕食は肉（魚）を含む「一汁四菜」、夜食は玄米おにぎり。何でもバランスよく食べれば、食べたいものはがまんしすぎなくてOK。ただ、食材の鮮度にはこだわって。

まんまる助産院（東京都立川市）

院長…椎野まりこ
所在地…東京都立川市若葉町2-1-1
tel 042-534-9877
http://www.manmaru-jyosanin.jp/

ある日のメニュー（昼食）
- 蒸し野菜の豆腐ディップ添え
- 小松菜のゆず胡椒和え
- 胚芽米のゆかりごはん
- 冬野菜の味噌汁

陰陽のバランスのとれた食事と、和みの手づくりスイーツ

食材を陰陽の順に重ねて調理する「重ね煮」をベースにした、旬の野菜が中心のメニュー。肉、乳製品、化学調味料、上白糖は使いません。夜食には、手づくりの甘いものを。あかちゃんのために夜中に起きるおかあさんの空腹を満たし、こころを和らげています。

お産の家　Be born（東京都世田谷区）

院長…たつのゆりこ
所在地…東京都世田谷区祖師谷6-13-13
tel 03-5429-2860
http://www.beborn.info/

ある日のメニュー（朝食）
- おかゆ（スパイス入り）
- 梅干し
- 野菜の漬けもの

からだによいもの、の前に　まずはデトックスを

体内の毒素を出すことを第一に考え、それぞれのひとに合わせた食事を提供しています。アーユルヴェーダの考え方を取り入れ、スパイスも活用。生姜、にんにく、ターメリック、ココナッツ入りの「おかゆ」は、産後のおかあさんの冷え対策や滋養強壮に。

のぞみ助産院（神奈川県相模原市）

院長…鈴木秀子
所在地…神奈川県相模原市南区御園4-5-25
tel 042-744-3764

ある日のメニュー（昼食）

- 春菊の沖花和え
- 野菜の炊き合わせ（土佐風味）
- かんぱちの塩焼き
- さつまいもの切り昆布煮

旬の野菜や魚を丸ごといただく工夫を

旬の食材や、地元でしか食べられないものを大事にした、和食中心の料理が基本。野菜や魚は丸ごと食べられるように調理しています。産後と授乳期には、同じものばかりを食べず、シンプルな調理法の食事をいただくと、おっぱいのおいしさもアップ！

助産院 エンジェルスマイルモモ（三重県伊勢市）

院長…宮木孝子
所在地…三重県伊勢市佐八町2022-1（2012年10月〜）
tel 0596-22-3349
http://angel-smile-momo.com/

ある日のメニュー（夕食）

- 雑穀ごはん
- ベジクリームシチュー
- お芋さんのかき揚げ（さつまいもと里芋の皮のかき揚げ）
- 里芋のマッシュサラダ
- しぐれ味噌スパゲティ
- ひじきと大根葉の炒めもの
- 切り干し大根と凍り豆腐の煮もの
- 大根の漬けもの

常備菜を活用しながら穀物・野菜中心に

昔から日本人が食べてきた、穀物と野菜が中心の和食メニュー。乾物などを使った常備菜を取り入れて、品数豊富に。砂糖や脂肪の摂りすぎにも配慮しています。ごはんでとろみづけした「ベジクリームシチュー」は、具を除けば、そのまま離乳食にも。

あゆみ助産院（京都府京都市）＊

医長…左古かず子
所在地…京都市伏見区深草山村町999-2
tel 075-643-2163
http://www.h3.dion.ne.jp/~ayumi55/

ある日のメニュー（昼食）

- ひじき豆腐
- 炒めなます
- ごはん（五分づき米＋十二穀米）
- ほうれん草、春菊、しめじのごま和え
- 味噌汁（小芋、なめこ、青ねぎ）

妊娠をきっかけに食事や食育を意識して

五分づき米に雑穀を混ぜた主食に、一汁三菜がおすすめ。乳製品や卵を控え、ミネラル豊富な海藻や乾物を活用し、添加物の入っていない調味料、無農薬の旬の野菜、国産の魚を使いましょう。「妊娠は食育のスタート」。安全でおいしい食事を意識するよい機会です。

春日助産院（福岡県春日市）

院長…大牟田智子
所在地…福岡県春日市昇町6-102
tel 092-581-4069
http://www.kasuga-josanin.com/

ある日のメニュー（夕食）

- 雑玄米ごはん
- じゃがいもの味噌汁
- オートミールのハンバーグ
- ひじきとキャベツの和えもの
- 切り干し大根の煮もの

離乳食へのアレンジもOKの手軽な「重ね煮」調理

穀物を中心に、野菜、植物性タンパク質、豆、魚介類を摂ることをこころがけたメニュー。食材は、なるべく地産地消で、季節のもの、無農薬のものを。調理法には「重ね煮」を採用。重ねて蒸し煮にした食材は、つぶして離乳食にアレンジもできて手軽です。

助産所わ（奈良県奈良市）

院長…芝田和美
所在地…奈良県奈良市朱雀1-13-10
tel 0742-72-3541
http://www.jyosansyo-wa.com/

ある日のメニュー（朝食）

- 玄米ごはん
- 豆腐の味噌汁
- いわしのオイル蒸し
- ごま豆腐
- 季節の野菜の炊き合わせ

目から口から癒される、「わ」を大事にした食事

玄米、野菜、魚を中心とした和食メニュー。食材は「身土不二」をこころがけ、なるべく地場産の旬のものを。「一物全体」で丸ごといただきます。器は、院で出産した陶芸家や地元近くの信楽焼のものを用い、見た目もたのしく。食事を癒しの時間とも考えています。

＊あゆみ助産院は、2012年6月現在、お産を受け付けておりません。

やさしいお手当てはじめましょ！

ハーブで整える出産までのこころとからだ

あかちゃんが生まれるその日まで、不安になったり緊張したり……。からだとこころが繊細なこの時期、ハーブでケアをしてみませんか。ハーブに詳しい助産師・井上裕子さんにおすすめのケアをうかがいました。

お話＊井上裕子さん（助産師）

撮影＊宮津かなえ　モデル＊山田真由子

妊娠中から出産以降も

リラックスフットバス

からだが冷えると、子宮も冷えて、キュッとしまります。おなかのあかちゃんには、フワフワのやわらかな子宮を用意してあげたいもの。フットバスで足首を温めて、おなかや子宮をゆるめましょう。全身の血流がよくなりますので、足のむくみも和らぎます。

材料（適量）

●ジャーマンカモミール…大さじ1杯

●ポットマリーゴールド…大さじ1杯

●お湯…適量

やり方

1 ティーポットにジャーマンカモミールとポットマリーゴールドを入れ、お湯を注ぎ、ちょっと濃

妊娠中から出産以降も

にぎにぎハーブお守り

陣痛の痛みで、ギュッと握ってしまうその手の中に、ハーブお守りを忍び込ませましょう。目を閉じたら、ゆっくりと深呼吸。ラベンダーの香りが、こころをリラックスさせてくれます。チクチク縫っているその時間が、あかちゃんと向き合うひとときに。妊娠中の友だちと一緒に縫えば、出産への胸の内を自然に語り合うきっかけに。出産時のお守りにもなりますよ。

材料（適量）

●お気に入りの布やハンカチなど…適量

●ラベンダー…適量

つくり方

1 お気に入りの布を、自分の手で握りやすい大きさの筒状に縫い、ラベンダーを中に入れる。

2 **1**の口を紐などで結んで、閉じる。

3 握るたびに香りが立つので、かいでたのしむ。

ポイント

＊握っても香りがしなくなってきたら、中のハーブを定期的に入れ替えてください。

＊産後はあかちゃんの枕元に置いても。自宅に帰ってからは、タンスの中に入れれば、防虫にもなります。

いめに抽出する。

2 洗面器などに**1**を注ぎ、水を足しつつ、再び、**1**のティーポットにお湯を注いで抽出したものを足したりして、湯加減を調節する。

3 足を入れて、ゆっくりとあたたまる。

ポイント

＊くるぶしがしっかり隠れるくらいまでお湯を注ぎます。

＊お湯が冷めてきたら、差し湯をして温度を上げると、じっくりとフットバスがたのしめます。あらかじめ、ポットや小鍋などにあつあつのお湯を用意しておくと、洗面器から足を出したりせずにすみますので、おすすめです。

 ※ここでご紹介したハーブを、井上さんは右記のお店で購入されています。蓼科ハーバルノート・シンプルズ　tel 0266-76-2282　http://herbalnote.co.jp/

産前・産後のハーブティー

産前のハーブティーは、安産のハーブ・妊婦のハーブと呼ばれる、ラズベリーリーフ入り。予定日の2週間前から飲みはじめてください。産後のハーブティーは、出産時の出血を補うよう、鉄分豊富なネトル入り。産直後の水分補給に飲んでもOK。産直後から3週間を目安に飲んでみてください。フェンネルがおっぱいの出もよくしてくれるでしょう。

予定日2週間前から出産直前まで

産前のハーブティー

材料（2週間分）
- ●ラズベリーリーフ…22g
- ●ジャーマンカモミール…12g
- ●ローズ…8g
- ●レモンバーム…11g
- ●リンデン…7g
- ●お湯…適量

出産直後から産後3週間まで

産後のハーブティー

材料（3週間分）
- ●ラズベリーリーフ…22g
- ●ジャーマンカモミール…12g
- ●ローズ…8g
- ●レモンバーム…11g
- ●リンデン…7g
- ●ネトル…15g
- ●フェンネルシード…10g
- ●オレンジピール…15g
- ●お湯…適量

つくり方

1 ハーブをブレンドし、産前のハーブティーは14等分、産後のハーブティーは21等分し、一日分の量に小分けにする。

2 ティーポットに一日分のハーブを入れ、お湯を注ぐ。

3 5分ほど蒸らしたら、できあがり。

ポイント

＊市販のお茶パックなどに分量のハーブを入れて、ストックしておくと便利。

＊産前のハーブティーは、子宮強壮の効能がありますので、妊娠初期には飲まないように。

＊あまり濃く抽出すると、かえってからだに障りますので、濃く出してしまったら、お湯で薄めましょう。

※キク科のアレルギーの方は、ジャーマンカモミールの使用は控えてください。

妊娠中から出産以降も

はちみつハーブ

食欲がないときや、出産の陣痛で食事がままならないとき、スプーンにすくって、ぱくりと口にしてみてください。何も食べていない、という不安が和らぎます。妊娠中に甘みがほしくなったとき、ハーブティーに入れたり、パンに塗って食べたりしてもおいしいです。

材料（約200cc）

- ●タイム…大さじ1
- ●オレガノ…大さじ1
- ●ローズマリー…生1本
- ●オレンジピール…大さじ2〜3
- ●ドライアップル…輪切り1〜2片
- ●はちみつ…200g

つくり方

1 瓶にハーブ類を入れる。ハーブ全体でだいたい瓶の半分から2/3程度の分量が目安。そこへはちみつを入れ、蓋を閉める。

2 3週間冷暗所で寝かせ、使うごとに、茶こしなどでハーブをこして使う。常温の涼しいところで保存する。

ポイント

＊はちみつがなければ、メープルシロップでも代用できます。

＊ドライアップルが手に入らなければ、アップルピールで代用。生のりんごは水分が出るのでNG。

＊こさずに使っても、もちろんOK。

＊はちみつハーブをつくり置きせずとも、はちみつとハーブを使うたびごとに混ぜても大丈夫です。

入院にも持っていけます

これまでご紹介したハーブのケアは、いずれも小ビンに入れたり、小分けに包んだりすれば、出産日に産院や病院へも持っていけます。陣痛がはじまってお風呂に入れないときでも、足湯をすると子宮がゆるんで、いい陣痛がやってきますよ。ハーブティーを飲んだときに「は～っ」ともれる吐息は、緊張で浅くなりがちな呼吸を、深くしてくれます。リラックスしてお産のときを迎える、お役に立ちますように。

ハーブの香りもたのしんで

助産師・井上裕子さんは、昌太さん（7歳）、圭太さん（10歳）、晃太さん（12歳）のおかあさん。11年ほど前、お産にアロマを使いたいという方がいたことをきっかけにハーブに出会いました。いまでは、ハーブを使ったさまざまなワークショップを出産前後の方に向けて行っています。

「自分のからだに合わせて選べるのが、ハーブのいいところ。なかなか自分でも気がついていない奥深くの

ハーブを取り入れるときに、気をつけたいこと

＊ハーブのなかには、出産前後で口にしないほうがいいものもあります（例…セージなど）。ここでご紹介しているもの以外のハーブを口にする場合は、ハーブティー販売店の方や詳しい方に聞いてから飲用してください。

＊どんな効能のハーブティーでも、濃く出してしまうと、かえってからだによくありません。作用の穏やかなものでも、濃く出して一日に何杯も飲むのは避けてください。効能効果を過剰に期待せずに、ほどよい濃さで飲んでください。

レシピに出てくるハーブ14種

ジャーマンカモミール
鎮静、心身の疲労回復

フェンネルシード
母乳分泌促進、消化不良・健胃整腸作用
＊妊娠中の多量摂取はしない

リンデン
怒りっぽいときの鎮静、消化促進、緊張や神経質の緩和

レモンバーム
鎮静、神経の疲労緩和、解熱、発汗

タイム
喉の痛みの緩和、気管支炎、痰の除去、花粉症

ネトル
花粉症、貧血予防、ビタミン・ミネラル豊富

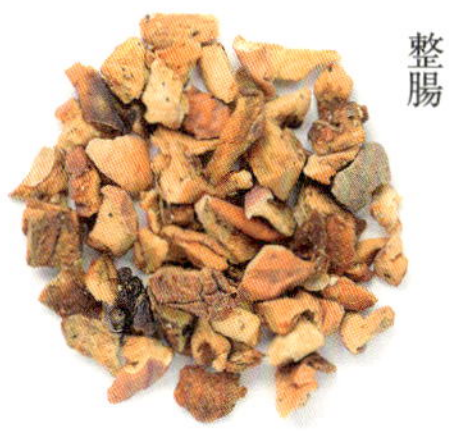

アップルピール
整腸

ポットマリーゴールド
消化促進、発汗・解熱、生理痛の緩和

ローズマリー
血行促進、集中力アップ、抗酸化作用

オレガノ
風邪、咳、心身の疲労、鎮静、殺菌作用、消化促進

ラズベリーリーフ
収斂作用・子宮筋調整作用・生理痛の緩和、出産時の子宮収縮を助ける、産後の母体回復を助ける、母乳の出をよくする
＊妊娠初期の多量摂取はしない

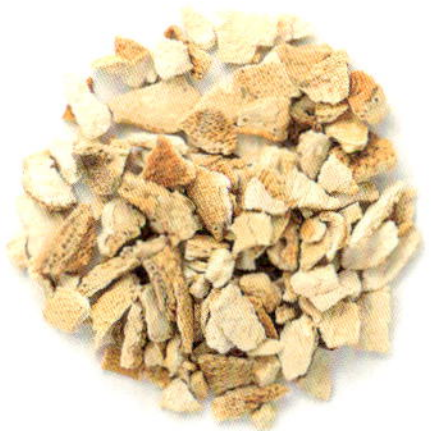

オレンジピール
血流促進、整腸

ローズ
気分転換したいとき、美肌、リラックス効果

ラベンダー
鎮静作用、腸内のガスの発生を抑える作用

感情や、ことばで伝えにくい繊細なこころの動きも、ハーブの香りがやさしく解きほぐしてくれます。

　効能効果を意識して、頭でハーブで選ぶのではなく、どうぞ、ご自分の内側に尋ねながら、ハーブを取り入れてみてください。

　出産は〈つながり〉です。自分と自分の内面、自分とあかちゃん、自分と家族やまわりのひと……。あかちゃんが生まれることで、こんなにもつながりができるんだ！　と驚くことが、きっと出てくるはずです。ハーブを取り入れることが、まずは自分とつながるきっかけになればと思います」

いのうえ・ゆうこ　助産師。白州助産院つきのゆりかご運営。ハーバリスト・萩尾エリ子さんのもとでハーブ療法を学ぶ。水と緑豊かな山梨で、3人の子を育てながら、アロマテラピーやベビーマッサージなど、妊娠中や子育て中の方のこころとからだをサポートしている。

はじめての絵本。はじめて届く贈りもの。

いつもそばに絵本がある幸せ。

●娘（7ヶ月）に、はじめて本が届きました。娘が笑うと、わたしもおとうさんも笑ってしまいます。これから毎月たのしみです。（E・Oさま）

●まだおなかにいるときから本をお願いしておりましたが、生後4ヶ月になり表情も豊かに、これから本好きの子どもになってほしいと思っております。これからも子どもの感性を豊かにする本をたのしみにしております。（T・Nさま）

●最初のころは、あまり興味を示さなかった息子（1歳）ですが、何度も読み聞かせているうちに、自分から絵本を開くようになりました。徐々に好きになっていくんですね。（R・Aさま）

●本を見ると、さわったり、なめたりが先の息子ですが、まずはこれでいいのかなと思っています。来月もたのしみにしています。（I・Sさま）

●毎日読み続けていると、息子（1歳2ヶ月）がもっと読んで！　と言うように「あっ!!」と声をあげてせがんでくるようになりました。毎月届くのがとてもたのしみです。（S・Nさま）

●わたしが家事で手が離せないとき、娘はひとりで本を読んで過ごすことができるようになりました。このままずっと本好きに育ってほしいと願っています。（M・Nさま）

●いつも夜眠る前のほんのひととき、子どもたちとブッククラブの絵本を読み、ほかほかのあたたかい気持ちになりながら過ごさせてもらっています。絵本を通じての時間は、大切な親子のふれ合いタイムになっていて、とてもありがたいです。（G・Tさま）

●本好きになることを願って、毎月孫（1歳）に絵本を贈っています。届いた絵本を広げている写真を見ると、うれしくなります。これからもよろしくお願いします。（I・Kさま）

●ママが忙しいなかでの読み聞かせは、親子の絆です。たのしいひとときです。（A・Hさま）

●想像していたよりも、ずっとずっとすてきな絵本が届いて、うれしく読ませていただきました。これから一冊ずつ、大切な宝物になっていくのだと思います。（M・Tさま）

●0歳から絵本を送っていただいています。この春1年生になりました。絵本のおかげで、こころのやさしいよく考える子に成長しています。（T・Kさま）

クレヨンハウスのブッククラブ

絵本の本棚

資料請求はこちらから

TEL 03-3406-6323（平日9〜18時受付）　FAX 03-5485-7502（24時間受付）
E-MAIL bc@crayonhouse.co.jp（24時間受付）

クレヨンハウス　ブッククラブ　検索

http://www.crayonhouse.co.jp/home/bookclub.html

こころもからだも
すこやかに

オーガニックで はじまる やさしい時間

こころもからだも繊細な時期だからこそ、
産前産後の暮らしに、
オーガニックなものを取り入れてみて。
やさしい肌ざわりや使い心地に、
ほっと気持ちがゆるむかも。
まわりのひとへ、おねだりしちゃう、
なんていうのもアリかも！

撮影＊泉山美代子

クレヨンハウスのeショップ…
www.crayonhouse.co.jp/eショップ
（2012年9月1日からリニューアル予定）
お問い合わせ…クレヨンハウス
カスタマーセンター
tel 03-3406-6308（11:00〜19:00）
※商品の価格とデザインは、
2012年5月末日現在のものです。
変更している場合もありますので、
お買い求めの際にお問い合わせください。

ママとあかちゃんのボディケア

どんどん大きくなるおなかを、やさしくマッサージ。産後の妊娠線を薄くするケアにもどうぞ。

産前の乾燥も産後の妊娠線も

産前・産後どちらにも使えるオイルです。ネロリのやわらかい香り。アーモンドオイルや小麦胚芽オイル、アルニカのエキスが、うるおって弾むような肌に導きます。妊娠中は、乾燥やつっぱり感を和らげるために。出産後は、マッサージに使って、妊娠線のケアにどうぞ。

ヴェレダ マタニティ ストレッチマークオイル 100㎖ 3,990円（ヴェレダ）※全成分はクレヨンハウスのeショップでご確認いただけます。

むくみがちな脚をリフレッシュ

のびがよくベタつかない、さらりとした使い心地のジェルクリーム。ペパーミントの香りがやさしくさわやかな清涼感を与え、天然成分が妊娠中にむくみがちな脚をすっきり整えます。適量を手のひらに取り、足裏やふくらはぎなどになじませます。マッサージしながらつけると効果的です。

トムトムママ ママ フット&レッグジェル 200㎖ 3,150円（トムトムベイビー&トムトムママ）※全成分はクレヨンハウスのeショップでご確認いただけます。

授乳期間中のデリケートなバストトップに

産後のバストトップの乾燥による肌荒れを防ぎ、なめらかにやわらかく保つクリームです。授乳後、バストトップおよび全体にのばしてなじませて。デコルテや気になる部分のケアにもどうぞ。あかちゃんが口にしても安心な成分です。

トムトムママ ママ スティルBクリーム 100㎖ 4,200円（トムトムベイビー&トムトムママ）※全成分はクレヨンハウスのeショップでご確認いただけます。

あかちゃんを紫外線からブロック

紫外線吸収剤・香料を使っていない日焼け止め。ホホバオイルやシアバター、アロエが肌を保湿するので、乾燥からも守ってくれます。デリケートなママの肌はもちろん、生後6ヶ月からのあかちゃんにも。ただし、紫外線が強い場所では、こまめに塗り直してくださいね。

ナチュラルサンSPF30 センシティブ 118㎖ 2,730円（オーブリーオーガニクス）※全成分はクレヨンハウスのeショップでご確認いただけます。

あかちゃんもママもしっとり肌へ

妊娠中のママから、あかちゃんまで使えるクリーム。デリケートな肌を包み込んで、外部の乾燥から守ってくれます。肌の働きも高めてくれるので、使うほどにうるおいのある素肌へ。乾燥が気になったときに、いつでも使えるのも、うれしいところ。

カレンドラベビークリーム〜顔・からだ用〜 50㎖ 3,150円（マルティナ）※全成分はクレヨンハウスのeショップでご確認いただけます。

ママとあかちゃんのバスタイム

自然成分由来のやさしい香りで、髪とからだを包んだら、やわらかな一日の終わりを迎えられそう。

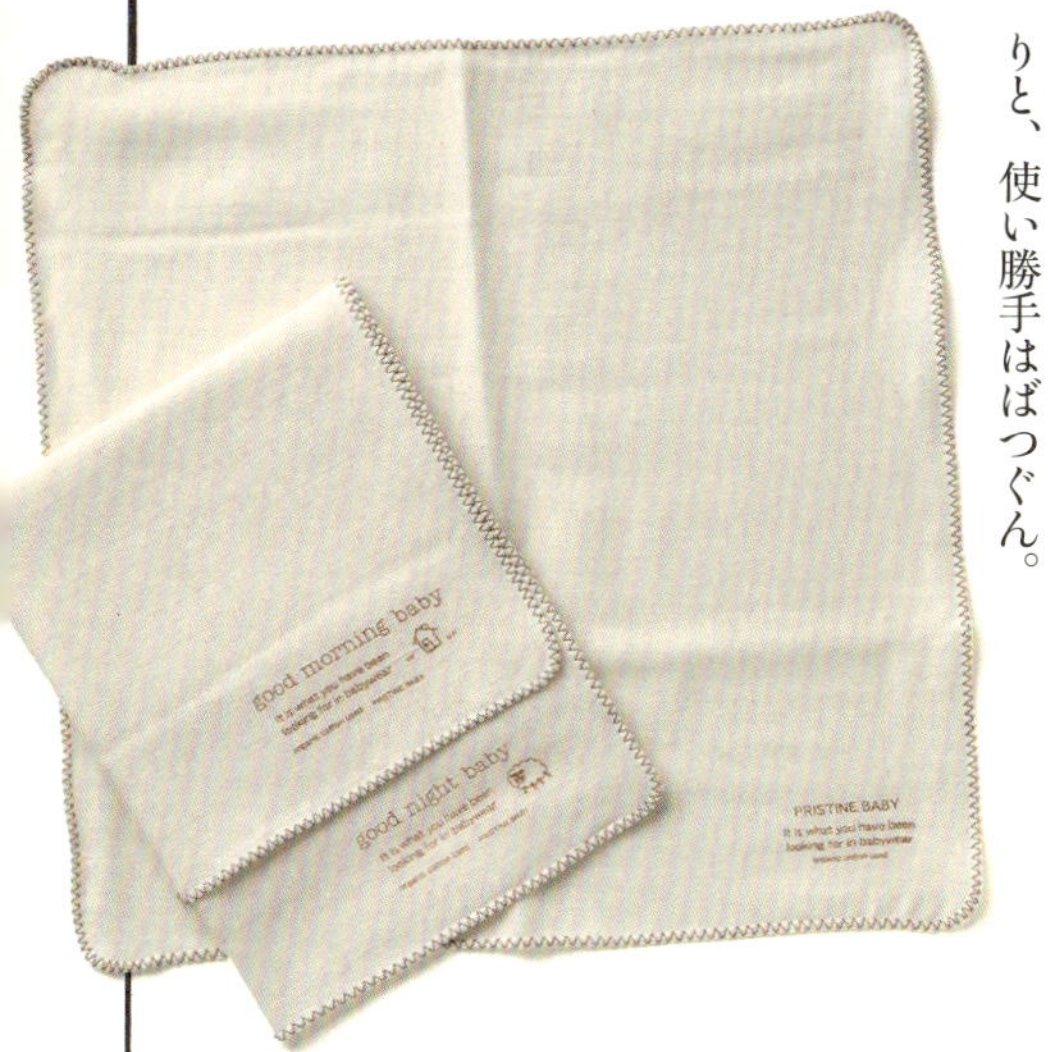

あかちゃんの沐浴にどうぞ

ダブルガーゼのハンカチ3枚セット。生地がガーゼで肌ざわりはやさしいのに、二重になっているので、へたれずしっかり。沐浴のときにからだを洗ったり、食事のときに口元をぬぐったりと、使い勝手はばつぐん。3枚それぞれ、ワンポイントの模様が違うので、用途に合わせて使い分けても。

プリスティン ガーゼハンカチ3枚セット 約32×32㎝ 1,890円（アバンティ）

お魚と一緒にうるおい肌へ

無香料で、新生児から使えるベビーシャンプー。あかちゃんのデリケートな髪とからだを洗えます。目にしみるような成分は配合されておらず、しっとりうるおった洗い上がりに。かわいいお魚柄のボトルで、毎日のお風呂がたのしくなります。

ベビーシャンプー250㎖ 1,680円（ウルテクラム）※全成分はクレヨンハウスのeショップでご確認いただけます。

はじめてのシャンプーは天然バニラの香り

目に入っても痛くない、全身シャンプー。天然バニラの香りです。ベビー用バスタブならキャップ1〜2杯程度を、普通のバスタブなら3〜4杯程度を入れて、勢いよくお湯を入れると泡立ちます。その泡で、デリケートなからだや髪を、やさしく洗ってあげて。

トムトムベイビー ベイビー全身シャンプー200㎖ 2,982円（トムトムベイビー&トムトムママ）※全成分はクレヨンハウスのeショップでご確認いただけます。

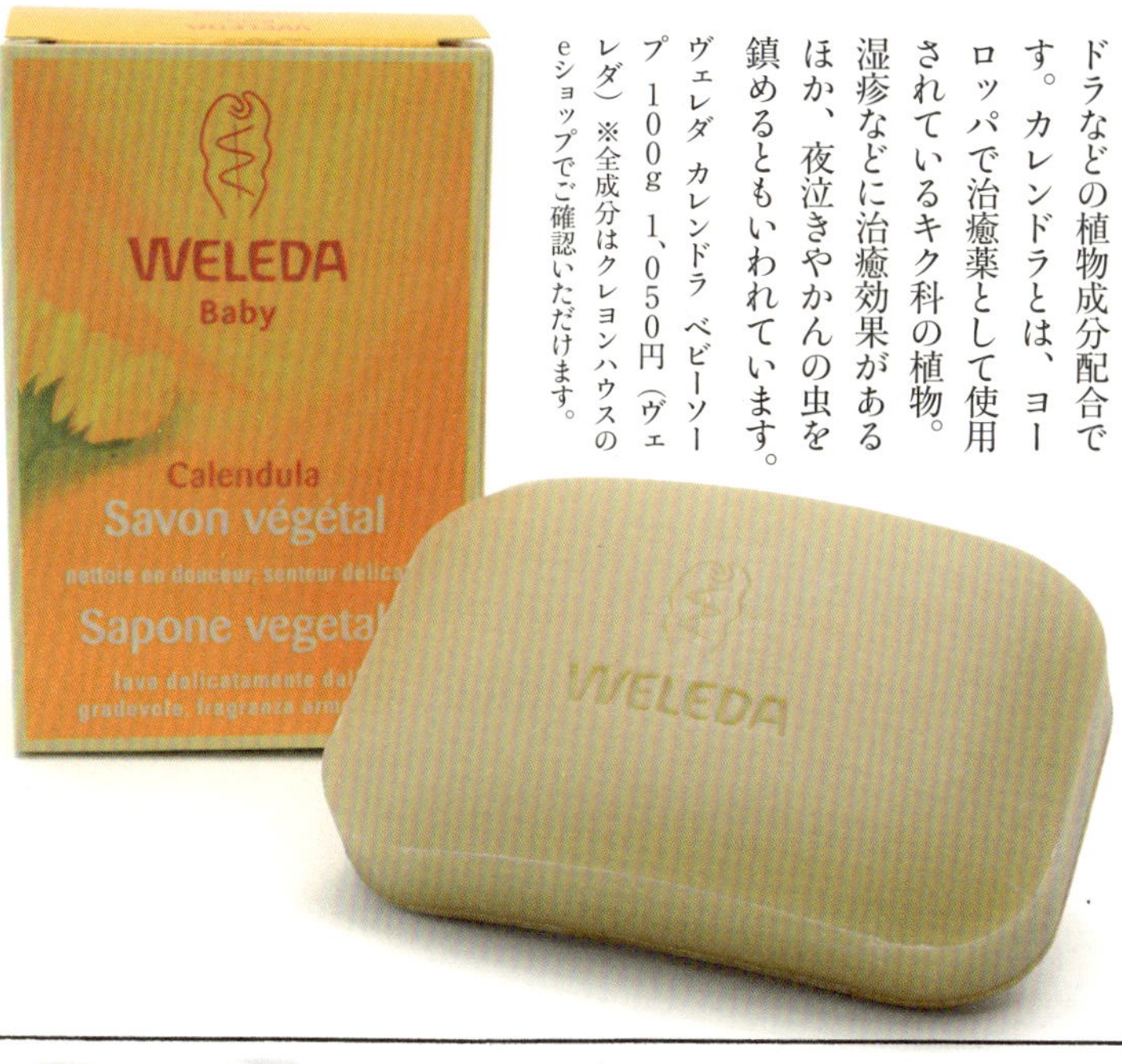

夜泣きやかんの虫にも

あかちゃんの肌をしっとり洗い上げるソープ。カミツレ、アイリスの根、カレンドラなどの植物成分配合です。カレンドラとは、ヨーロッパで治癒薬として使用されているキク科の植物。湿疹などに治癒効果があるほか、夜泣きやかんの虫を鎮めるともいわれています。

ヴェレダ カレンドラ ベビーソープ 100g 1,050円（ヴェレダ）※全成分はクレヨンハウスのeショップでご確認いただけます。

無香料だからこそのたのしみ

無香料で、髪と頭皮にやさしいシャンプーとコンディショナー。妊娠中で、においに敏感な方におすすめです。自分好みの香りのする、髪にやさしいシャンプー類がほしいという方は、お好みのエッセンシャルオイルを混ぜれば、オリジナルのシャンプー&コンディショナーができます。

右・無香料シャンプー250㎖ 1,680円／左・無香料コンディショナー 250㎖ 1,995円（ウルテクラム）※全成分はクレヨンハウスのeショップでご確認いただけます。

マザーウェア

デリケートなママの肌には、やさしいオーガニックコットンを。素肌に触れるものだから、とことん素材にこだわってみました。

妊娠・授乳期のからだを包む

縫い糸までオーガニックコットンのブラとショーツ。伸縮性のある生地が、からだをやさしく包んでくれます。ブラは母乳パッドが入れられるポケットつき。ショーツの腹巻き部分は、妊娠中はおなかをすっぽり包んで。出産後は、好きな位置で折り返して使えます。

マタニティ授乳ブラ細ボーダー茶M 6,930円／マタニティショーツ細ボーダー茶M 4,410円（メイド・イン・アース）
※ほかサイズL、色グリーンあり

いまこそ布ナプキンを試しませんか

デリケートな部分に触れるからこそ使いたい、オーガニックコットンの布ナプキン。妊娠中のおりものや、出産後の出血対策にぴったりです。使い捨てナプキンではかぶれてしまう方も、布ナプキンなら、しかもオーガニックコットンなら安心できそう。お好みのタイプをどうぞ。

上・昼用ポケット付き布ナプキン無地 きなり 1,890円 本体ホルダー／長さ23cm、幅8cm（羽を除いた中央部分） パッド／長さ19cm、幅6cm 下・三つ折り布ナプキン 厚手23・5×26・5cm 1,050円（メイド・イン・アース）

授乳期も2WAYケープでおしゃれに

オーガニックコットン100%の授乳ケープ。見た目には授乳用とわかりませんが、ボタンやすかし模様の位置に配慮がなされています。ボタンを留めた状態ではケープ、はずせばストールとして使えます。おしゃれなので、授乳期を過ぎても活躍すること間違いなし。

プリスティン2WAYケープ&ストール 約47×190cm 10,500円（アバンティ）

母乳育児のおっぱい、応援します。

オーガニックコットンのタオル生地・スムース生地・平織り生地を5層に重ねた母乳パッド。絶妙な重なりが、あふれた母乳をキャッチしてくれます。美しいバストを保つために立体的な縫製になっていて、きれいでいたいママを応援してくれます。

母乳パッド（1セット2枚入り）直径12・5cm 1,260円（メイド・イン・アース）※ほか色茶あり

伸び縮みするので腕にも足にも

ちょっと肌寒いときや冷房で冷えそうなとき、やさしくからだをあたためてくれるウォーマー。腕や足にはめ、肘や膝を冷えからガード。シンプルでおしゃれなので、ちょっと外に出るときに身につけてもいいですね。

プリスティン レーシーアーム&レッグウォーマー 約60cm 2、100円（アバンティ）

あかちゃんもポカポカに

おなかのあかちゃんが冷えないか心配。そんなときは、腹巻きでおなかをあたためましょう。そのまま使えば胸元からヒップまでカバーでき、二重に折ればウエストまわりを重点的にあたためられます。天然ゴムを使用。伸びもやわらかです。

腹巻き きなり L ウエスト70～94cm 丈34cm 3、150円（メイド・イン・アース）※丈、サイズは二重折りにしたときのもの。

ふかふかあったかソックス

この靴下、ただ分厚いだけではありません。足首の締めつけを抑えるルーズタイプなので、血行を妨げずからだをあたためてくれます。内側のパイルのおかげで、はき心地もふっくら。おやすみのときはもちろん、ルームソックスとしても大活躍です。

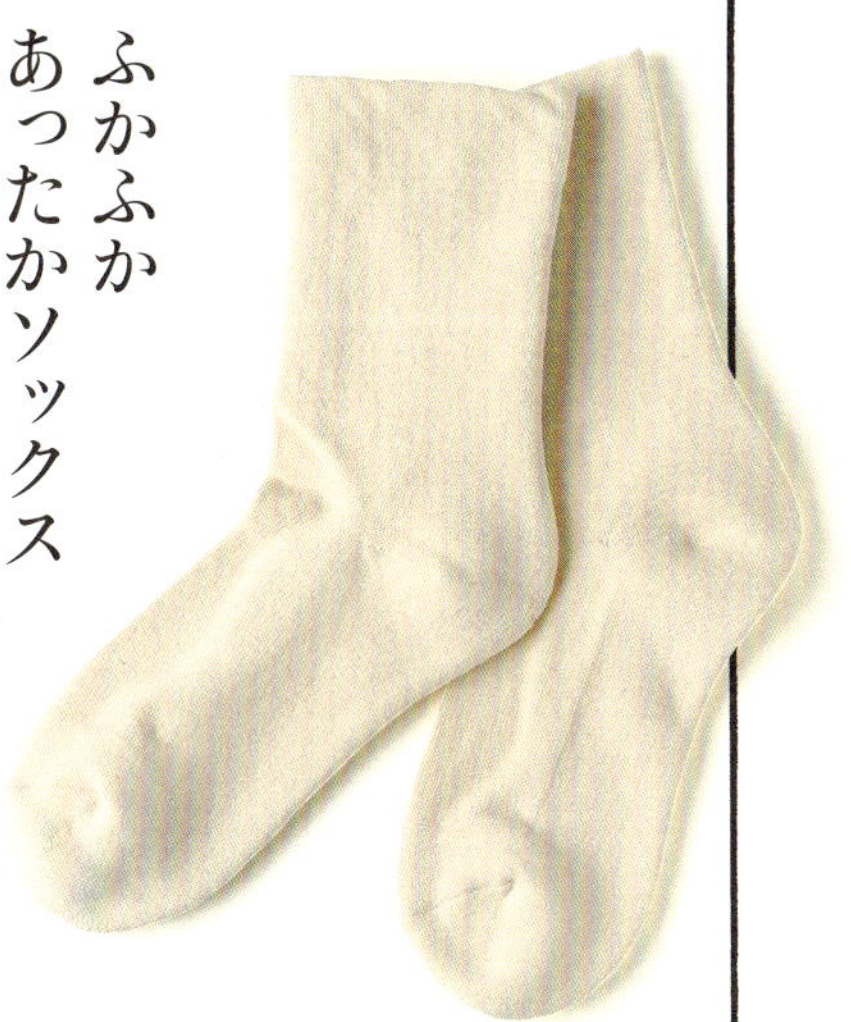

プリスティン 厚手おやすみソックス 22～24cm 1、050円（アバンティ）

お風呂上がりのリラックスタイムに

ただでさえからだが冷えやすい妊娠中は、湯冷めにも気を配りたいですよね。お風呂上がりにさっとバスローブを羽織れば、ほかほかにあたたまったからだを冷えから守ってくれます。大きいサイズなので、妊婦さんでも安心して着用できます。寝間着の上から、ガウンとして着ても。

パーカバスローブ 大人用フリー きなり 身巾69cm 袖丈52cm 着丈100cm 12、075円（メイド・イン・アース）※ほか色茶あり

巻いたり掛けたりエコなさらし

100%オーガニックコットンでつくられたさらし。P85で紹介しているように、産後の骨盤を整えるため腰に巻くのにおすすめ。もちろん、布おむつにも使えます。そのほか、手づくりマスクやコーヒーフィルターなど、アイデア次第で使い方はいろいろ！ 洗って使いまわせるので、環境にもやさしいです。

プリスティン さらしくん 約33cm×7m 3、990円（アバンティ）

ベビーウェア

生まれたての肌を包むなら、
やさしいオーガニックコットンで。
肌ざわりのいい生地は、
着ているあかちゃんも、
抱っこする大人も
うれしいやわらかさ。

成長に合わせられる2WAYドレス

クーヨンマークがプリントされた、オーガニックコットン100％のベビードレス。春夏用は吸水性・伸縮性に、秋冬用は保温性にすぐれています。新生児のときはドレスのままで。足をばたばたさせるようになったら、スナップをかけかえて、カバーオールとして。

右・baby crayonhouse 春夏向け2wayドレス 50〜70㎝ 6,800円
左・baby crayonhouse 2wayドレス 50〜60㎝ 5,600円（クレヨンハウス）

縫い目が外であかちゃんの肌にやさしい

オーガニックコットン100％のベビー肌着。縫い目が外側なので、あかちゃんの肌に当たりません。春夏は長肌着だけで、秋冬は短肌着を重ねてどうぞ。胸やおなかがはだけないよう、留めひもが外側に2ヶ所、内側に1ヶ所ついています。

右・ベビーコンビ長肌着50〜60㎝ 3,045円 左・ベビー短肌着50〜60㎝ 1,995円（メイド・イン・アース） ※それぞれ、きなりと茶色あり

かわいい頭をクーヨンが守ります

キュートなクーヨンマークつきの帽子。はじめての帽子も、やっぱりオーガニックコットンでどうぞ。吸収性・通気性にすぐれているので、あかちゃんが気持ちよくかぶれます。寒い時期の防寒や、日差しが強い時期の日よけにも。一年中、活躍してくれます。

baby crayonhouse 帽子 ボーダー 2,000円（クレヨンハウス）

毛玉の心配も静電気の心配もありません

オーガニックコットン使用のブランケット。ベビーカーの風よけにぴったりで、やわらかな肌ざわりにあかちゃんもよろこぶはず。毛抜けが少なく毛玉になりにくいシール織がポイント。静電気が起きないので、乾燥する季節にも安心です。洗濯にも強いですよ。

プリスティンベビー ブラウンチェックミニブランケット 70×50㎝ 3,045円（アバンティ）

おもちゃ

何度でも、くり返し手にしたくなる、ぬくもりのあるものたち。ものを大切にするこころも一緒に、育んで。

お部屋に現れたカラフルな惑星

円盤をくるくるとまわすと、虹色の円を描く10色のボール。一つひとつ取り外せるので、あかちゃんが気に入った色のボールを揺らしてあそぶことも。大きくなってくると、自分でボールをつかんだり、足で蹴飛ばしたり……あかちゃんの成長がますますたのしみに。

ケルンボール　円盤直径13cm　球直径3cm　5、460円（童具館）

バナナからあかちゃんがこんにちは

バナナからちょこんと顔を出すあかちゃん。中に鈴が入っていて、振ると「ころんころん」と音がします。ドイツ有機栽培協会から認定を受けた良質の羊毛とオーガニックコットンを使用。やさしい肌ざわりなので、あかちゃんのはじめてのおもちゃにぴったりです。

NAラトル　バナナ　15cm　2、940円（ナンヒェン）

噛んでもOK 握りやすいガラガラ

赤、青、緑のちいさな玉がついたキノコのようなガラガラ。日本の幼児の手に合わせてつくられているので、重くなくちいさな手にフィットします。振ってカシャカシャという音をたのしんだり、噛めば歯がためにも。出産祝いとして、ネフ社人気のおもちゃです。

ティキ　9cm　2、730円（ネフ）

てんとう虫さん しあわせをはこんでくださーい

虹色の木製ビーズがついたてんとう虫は、ままごと道具で有名なグリュックス・ケーファー社のラトルホルダー。ケーファーとはてんとう虫のことで、ドイツでは幸運を運ぶ虫とされています。クリップでスタイをはさみ、おしゃぶりやガラガラをつければ落下防止に。

てんとう虫クリップ　20cm　1、575円（ケーファー）

このつみき 実は音が出るんです

カラフルな6色のキューブ。中に鈴や木片が入っているので、振ると色ごとに違った音がします。振って音をたのしんだり、積んだり並べたりしてつみきあそびも。少し大きくなったら、「この音は何色かな？」なんて音当てゲームであそびの幅が広がります。

ベビーキューブ　基尺4cm　6色×2ピース　10、290円（ジーナ）

ハーブティー

妊娠期のイライラやソワソワ。つわりで食欲がないときなど、きっと、あなたの味方になってくれるはず。

ママのためのハーブティー

レモングラスや、ネトル、ローズなど、8種類のハーブが入ったハーブティー。妊娠中や授乳期でも安心して口にできるハーブをブレンドしてあります。柑橘系のさわやかな香りで、気分もすっきり。

妊婦さんも飲めるお茶　1g×20袋　882円（SONNENTOR）

あかちゃんのためのハーブティー

古くからベビーティーとして親しまれてきた、フェンネル入りのお茶。あかちゃんの消化器系の不調に役立ったり、なかなか寝つかないときにリラックスさせる作用も。授乳中に飲むと、おっぱいの出がよくなるともいわれるので、あかちゃんと一緒に飲んでみてはいかが？

サンシャインベビーティー　1.5g×20袋　882円（SONNENTOR）

フルーツでさっぱり気分転換

つわりなどで口の中が不快なときは、フルーツの風味でリフレッシュしましょう。ビタミンCたっぷりの「サンドロンフルーツティー」は、リンゴとラベンダーの香りが。「フルーツの夢」は、ラズベリーやリンゴの果肉入りでとってもフルーティー。気分に合わせて選んでみて。

右・サンドロンフルーツティー　3g×18袋　882円／左・フルーツの夢　3g×18袋　882円（SONNENTOR）

ほどよい酸味で、栄養補給

ローズヒップには、女性に不足しがちな鉄分やビタミンなどが豊富に含まれており、妊娠中の栄養補給にぴったり。また、ハイビスカスにはクエン酸が入っているので、疲労回復の効果も期待できます。どちらも酸味があり、ブレンドの相性は抜群です。

ローズヒップ・ハイビスカスティー　3g×18袋　882円（SONNENTOR）

リラックス効果ナンバー1のカモミール

ギリシャ語で「大地のリンゴ」を意味するカモミール。その名の通り、リンゴのように甘くてやさしい香りが。からだを温める効用があり、おかあさんのようにやさしいことから「マザーリーフ」とも呼ばれています。あかちゃんと一緒に飲んで、こころもからだもぽかぽかに。

カモミールティー　0.8g×20袋　882円（SONNENTOR）
※キク科アレルギーの方はお控えください。

※キク科の植物アレルギーがある方は、カモミールティーの飲用は控えてください。※★印のついているものは、あかちゃんが飲む場合は薄めてください。

授乳タイムにほっとひと息

レーベンスバウムのママ&ベビーシリーズは妊娠中期から授乳期のママ、あかちゃんをサポートするハーブティー。この「マミーティー」は、母乳の出をよくするためにつくられたお茶。まろやかな香りでリラックスすれば、授乳中の気持ちもゆったりおだやかに。

オーガニックハーブティーマミーティー 1.5g×20袋 945円(レーベンスバウム)

出産前のからだのケアに

ママ&ベビーシリーズからもうひとつ、妊婦さんのためのお茶をご紹介します。妊娠中期から飲める「プレグナントティー」は、ミントの効いたすっきり味。出産に備えて、こころもからだもすこやかでいたいという方におすすめです。

オーガニックハーブティープレグナントティー 1.5g×20袋 945円(レーベンスバウム)

ホットでもアイスでもどうぞ

エリキシールは植物のパワーが詰まった健康補助飲料。有機白樺葉エキスやレモン、はちみつなどが濃縮され、さわやかな風味が。ちょっと元気がないとき、紅茶や炭酸水に入れて手軽に飲むことができます。ヨーグルトやシリアルにかけて食べたり、お料理のときにも使えるすぐれものです。

ヴェレダ白樺 エリキシール 200㎖ 2,415円(ヴェレダ)

アフリカの太陽を味わう

マイルドで風味豊かなルイボスティー。南アフリカの特殊な環境でしか育たないめずらしい植物で、ミネラルたっぷり。妊娠中や授乳中に飲めば、ミネラル補給に。また、腸の動きを促し、おなかの中をきれいにする作用も。便秘気味のあかちゃんに飲ませるのもおすすめです。

オーガニックハーブティールイボスピュア 1.5g×20袋 777円(レーベンスバウム)

★

毎日飲んで貧血予防

ネトルは「血をつくるハーブ」ともいわれており、貧血になりやすい妊婦さんの味方です。やさしい干し草のような香りは、栄養満点の証拠。ミネラルや鉄分を豊富に含んでいるので、妊娠中や授乳期に手軽に栄養を補給できます。

ネトル 0.8g×20袋 882円(SONNENTOR)

コーヒーが飲みたくなったら……

大好きなコーヒー、妊娠中がまんしていませんか? そんなときはノンカフェインの穀物コーヒーをどうぞ。おなかにやさしいチコリの根、麦芽、イチジクなどを粉末にしたコーヒー風のインスタント飲料です。細かな粉末状なので、お湯にとけやすく、つくるのも簡単。

オーガニック穀物コーヒー チコリ 100g 1,260円(レーベンスバウム)

絵本

生まれてくれて、ありがとう、
そんな気持ちが詰まった絵本たち。
ページをめくるたびに、
いのちのよろこびで胸がいっぱい。

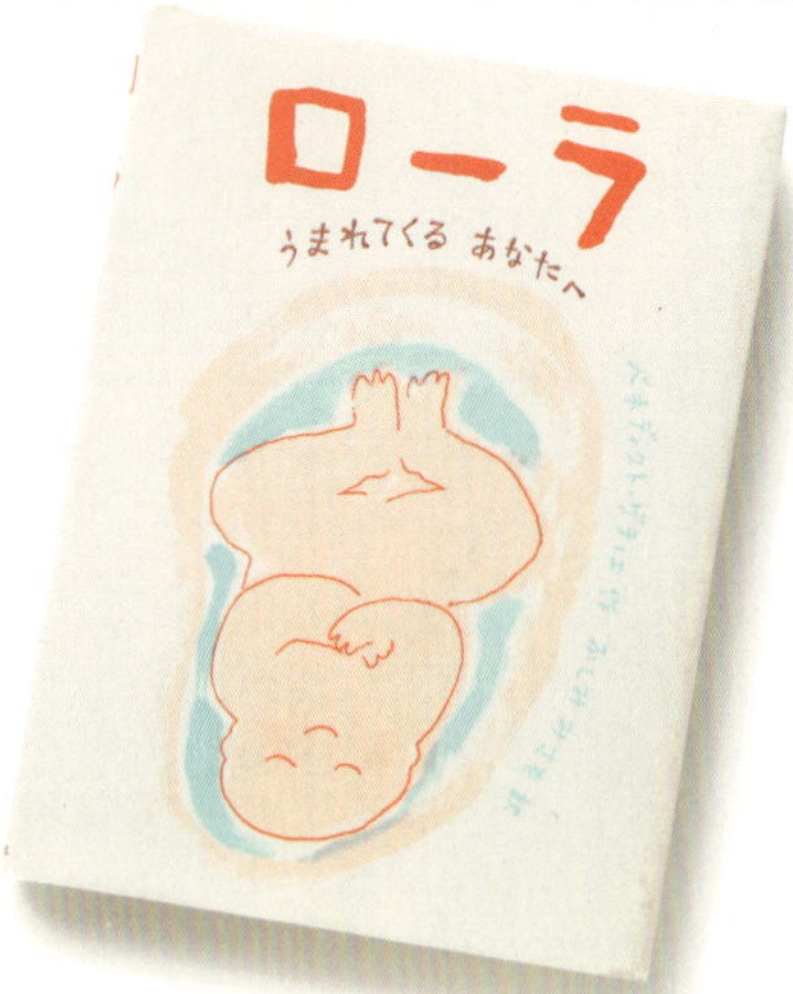

わたしの名前を呼ぶのはだあれ？

ママのおなかの中にいるローラは、パパがうたってくれる歌が大好き。手足をバタバタ、歌に合わせてダンシング。足でリズムをとりたいけれど、大きくなってもう動けない。パパが名前を大声で呼ぶから、よし、外に出てみよう！　カラフルで、独特のユーモアセンスがたっぷり。「ラプーたんてい」シリーズ（クレヨンハウス／刊）で知られる、フランスの絵本作家が描いた、ちいさな絵本。

『ローラ　うまれてくる　あなたへ』ベネディクト・ゲティエ／作　ふしみみさを／訳　朔北社／刊　1,050円

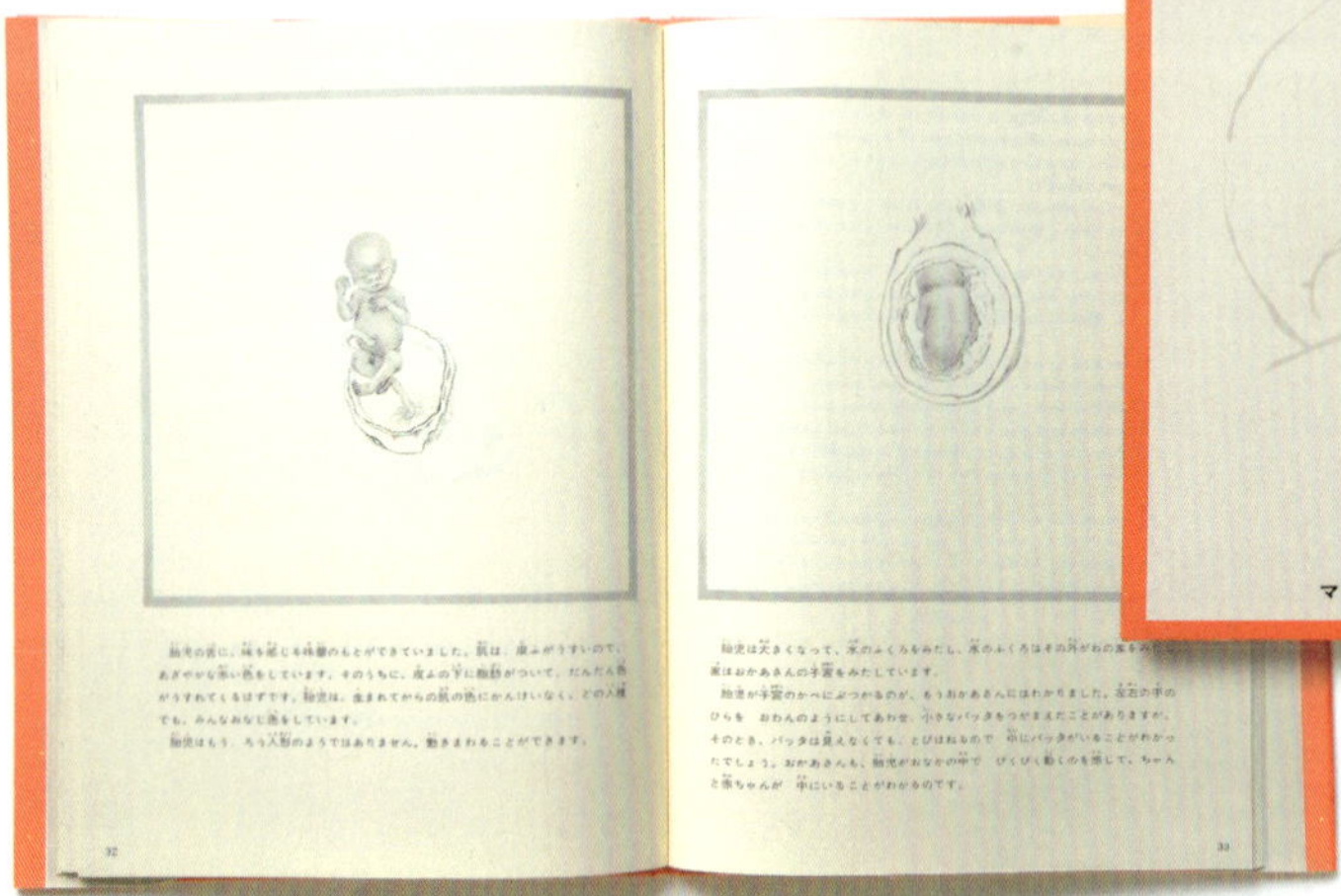

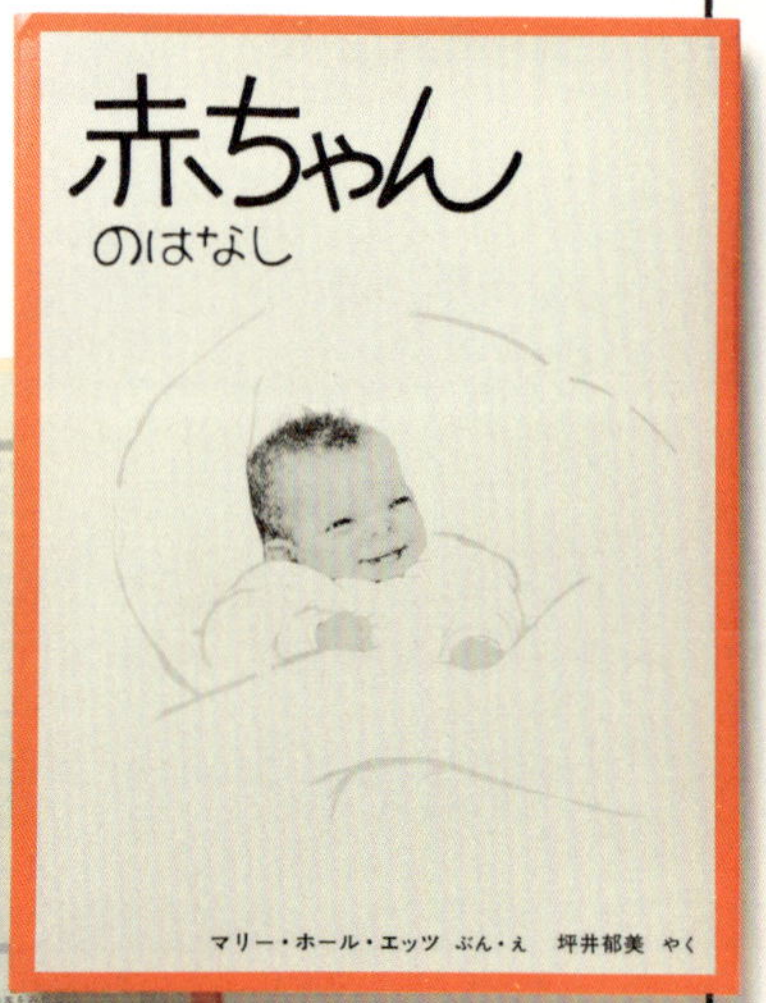

いのち誕生の旅に出かけよう

女性が妊娠して、お産をする。それは何百年前、何千年前からくり返されてきたいのちの営み。さて、おなかの中ではどんなふうにしてあかちゃんは育っていくの？　挿絵でそのようすをたどっていくと、「奇跡！」と言いたくなるほど、神秘的で不思議なことばかり。あかちゃんが生まれるその日までの長い旅に、この絵本と一緒に出かけましょう！

『赤ちゃんのはなし』マリー・ホール・エッツ／文・絵　坪井郁美／訳　福音館書店／刊　1,575円

ページをめくるたのしさ満載！

おかあさんのおなかの中に広がった、数えきれないほどたくさんの星。星と星がひとつになって、おやっ！　ちいさないのちが現れた。おかあさんとつながっていたおへそのパイプがどんどん伸びて……「ほら、ぼくうまれたよ！」。受精からあかちゃん誕生までを造本作家・駒形克己さんならではの表現で描いた絵本。へその緒をどう表現したかは、めくってみてのおたのしみ。

『ぼく、うまれるよ！』駒形克己／作　ONE STROKE／刊　2,625円

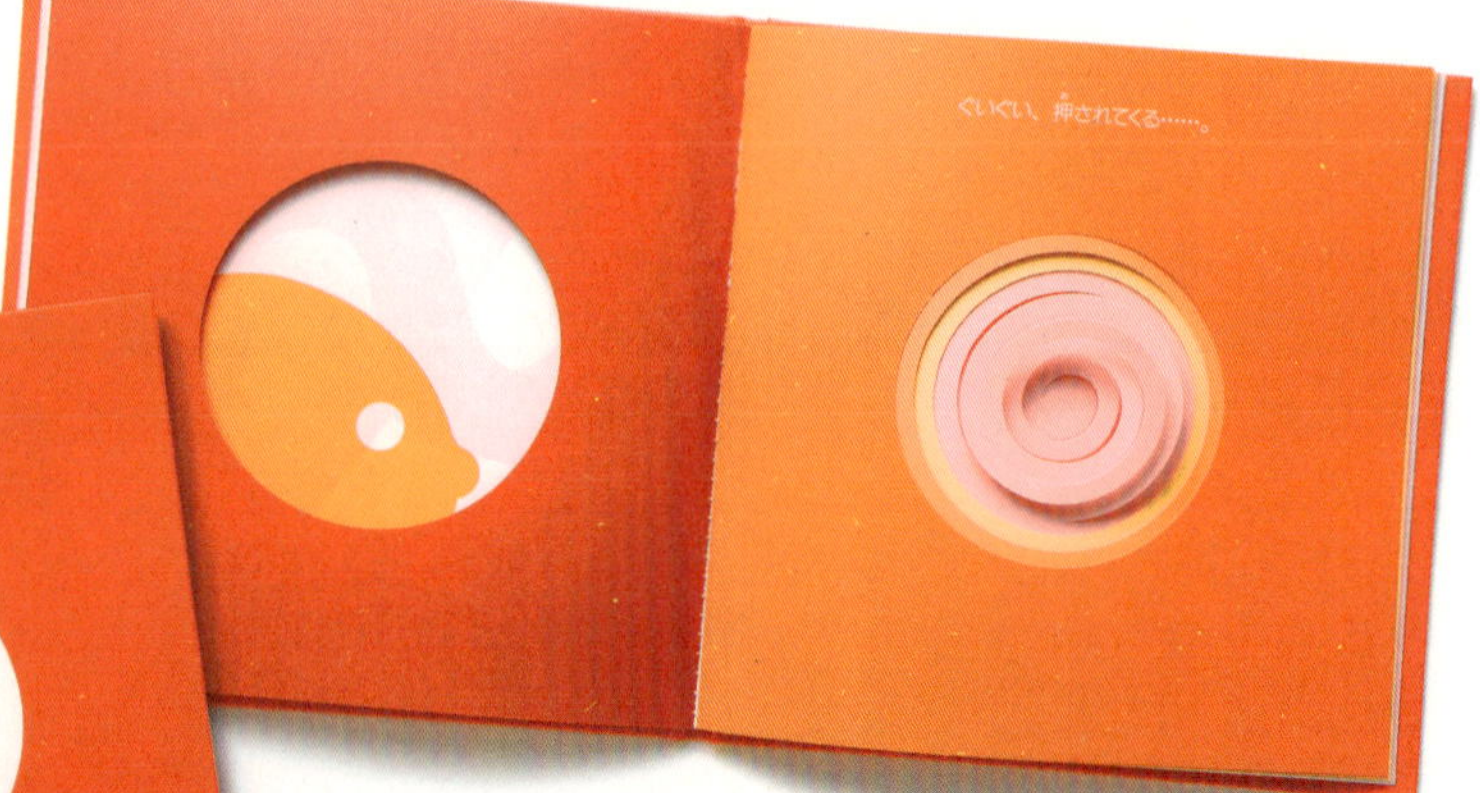

かぞくみんなで、待ってるからね

「あかちゃんが くるのよ」。ママにそう言われて、男の子はドキリ。あかちゃんに会えるのは待ち遠しいけど、でもママにはもうぼくがいるわけだし……。でも、あかちゃんが大きくなったらぼくとあそべるよね。はじめてできるきょうだいに、たのしみと不安でこころが揺れる子ども。そのようすをあたたかな眼差しでユーモラスに描きます。

『あかちゃんがやってくる』ジョン・バーニンガム／作 ヘレン・オクセンバリー／絵 谷川俊太郎／訳 イースト・プレス／刊 1,680円

地球へ、ようこそ！

46億年前に生まれた地球。そして地球に生まれたいのちの数々。トナカイ、クジラ、チョウチョ……わたしたち人間も、どうぶつや植物、昆虫たちと同じ、地球に生まれた同じいのち。ふたりといないあなたが生まれた日、太陽が月が風が用意してくれたものとは……。子ども時代を自然豊かなフロリダで過ごした作者ならではのいのちの誕生を描いた作品です。

『あなたがうまれたひ』デブラ・フレイジャー／作 井上荒野／訳 福音館書店／刊 1,365円

出産に参加しておとうさんになる！

絵本作家・長谷川義史さんは、3人のおとうさん。すべてのお産に立ち会い、そのときのことを絵日記で記録。お連れ合いの腰をさすったり、励ましたり。ドキドキしながらも、しっかりサポート！ どの子の誕生にもドラマがあり、一度として同じ出産がないことを、おとうさんの目線で描いています。

『うんこのあかちゃん おとうちゃんの出産絵日記』長谷川義史／作（おせっかい助産師・村中李衣）クレヨンハウス／刊 1,680円

あなたを産んで、親のわたしも生まれた

「あなたのおかげで、わたしはおかあさんになれたのよ」。はじめてあかちゃんが生まれた日、それはおかあさんとおとうさんも生まれた日。いのちを授かることの素直なよろこび、親になることの誇らしさ。おかあさん、おとうさん、それぞれの目線であかちゃん誕生の日を描いた絵本です。おかあさん編は病院で、おとうさん編は自宅で出産するようすが描かれています。

『おかあさんがおかあさんになった日』長野ヒデ子／作 童心社／刊 1,365円

『おとうさんがおとうさんになった日』長野ヒデ子／作 童心社／刊 1,365円

はじめて
あかちゃんを
迎える
おとうさん講座❷

ぼくたち、いったいどうしたら…

［出産時のサポート編］

お話＊柳澤薫さん（助産師）
取材・文＊セキノツカサ　イラスト＊松尾ミユキ

お互いの存在を感じ合うことで、不安が和らぎます。新しいいのちの誕生の瞬間を、ふたりで迎えましょう。

〝そばにいるよ〟という存在感をできる限り伝えて

いざ出産！　となったときに、おとうさんに迫られる大きな選択が、立ち会うか、立ち会わないか、ですよね。「立ち会って感動した！」というひとがいる一方で、「立ち会ったけど、何もできずオロオロしてしまった」と無力感を口にするひともいます。出産のようすを見られたくない女性もいるのでケース・バイ・ケースですが、できるだけそばにいて、手を握ったり、腰をさすったりしてあげてください。〝見守ってくれる存在がそばにいる〟という安心感は、何よりも励みになりますから。

　特別なことは、しなくてもいいんです。おかあさんと生まれてくるあかちゃんのことを大事に思って、それをできる限り伝えましょう。立ち会わずに、待合室で待つという選択でも構いません。出産直前まで一緒にいて、出産のあとには「がんばったね、お疲れさま」と、やさしく声をかけてあげてください。

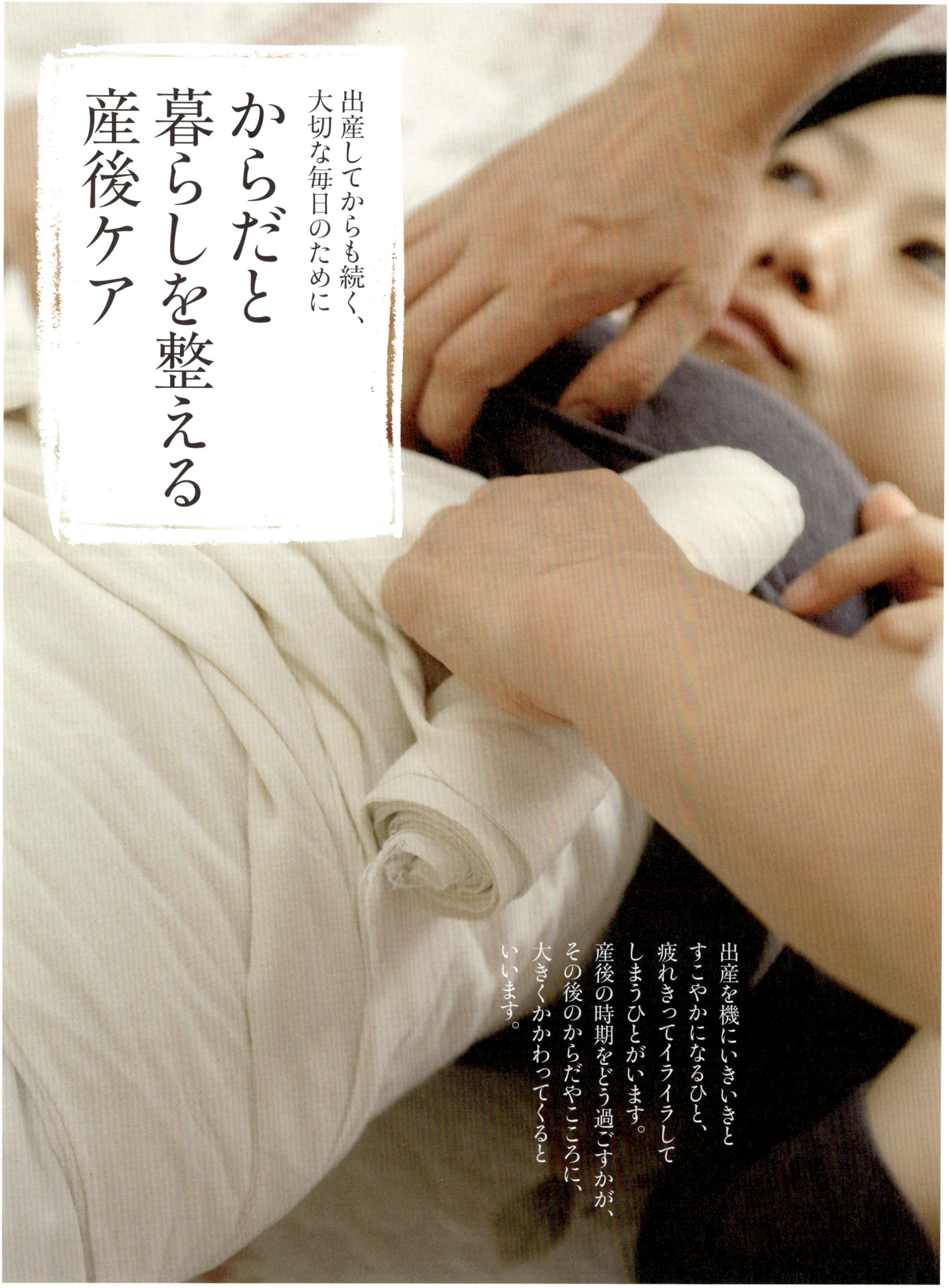

出産してからも続く、
大切な毎日のために

からだと暮らしを整える産後ケア

出産を機にいきいきとすこやかになるひと、疲れきってイライラしてしまうひとがいます。産後の時期をどう過ごすかが、その後のからだやこころに、大きくかかわってくるといいます。

 撮影＊泉山美代子

産んだあとのひと月が
からだにとって、大切！

産後ケアで取り戻す いきいきしてるわたし

昔から産後の肥立ちは大切、といわれますが、どんなケアをすればよいの？
東洋医学とアーユルヴェーダの考え方を取り入れて、妊娠・出産・産後をサポートする助産師のたつのゆりこさんにうかがいました。

お話＊たつのゆりこさん（お産の家Be born院長）
追加取材・文＊草刈朋子　撮影＊泉山美代子

たつのさんの産後養生院を訪れると、ちょうど産後ケアで入院しているおかあさんとあかちゃんがいました。病院で出産後、5日間の予定で産後のからだを休めています。

産後養生はなぜ、必要なの？

出産したら、すっきり元気に？ いえいえ、そうなるためには、からだを休ませ、手当てが必要。無理をすると、さまざまな不調が起こりやすくなります。

産後によくある不調

貧血・頭痛・疲労感
産後は鉄分不足で、からだの動きも緩慢に。放っておくと甲状腺の異常に発展するケースも。

肝炎
疲れは肝臓に出やすく、イライラの原因に。

首・肩・背中のこり
おっぱいのトラブルがあると出やすい。

会陰切開の傷の痛み
抜糸するまで痛みを伴う場合も。

不眠・精神不安・腰痛
夜間の授乳などで睡眠不足になると、腎臓に負担がかかり腰痛の原因にも。

出産直後の不調の前兆に気をつけて

「『自然なお産がしたい』ってお産のスタイルにこだわるひとは多いんですが、産んでおしまいじゃないんです」と助産師・たつのゆりこさん。産後にこそケアが必要だということを知らずに無理をし、からだを壊すひとが増えているそうです。産後数ヶ月、あるいは半年、1年と経った頃、うつの症状が出たり、甲状腺に異常が出たり……。

「でも、こうした症状が出る前には、出産直後にかならず前兆があるんです」とたつのさんは言います。前兆としてもっともわかりやすいのは、不眠。あとは、尿もれや頭痛、傷の痛みがおさまらない、といった不調。これらをがまんしていると、慢性化し、いずれ更年期の症状が重くなるといわれています。

たとえば、眠れないひとはからだが冷たく、全身が緊張した状態で肩がこっています。

「マッサージして緩和すれば眠れるようにはなりますが、『あとはおうちでゆっくりしてください』と言っても、あかちゃんがいるとなかなかできませんね」

そこでたつのさんは、助産院内に産後養生院を開設したのです。

「せめて入院期間中、1週間ほどはゆったりと過ごしからだをケアすれば、深刻な状態になるのを防げます」

出産を機会に老け込んでしまうひと、逆に、より健康になるひとがいます。その分かれ道が、産後養生。

「出産より、産後のほうがつらかった」と言うひともいるのは、産後養生の大切さを物語っています。

たとえば、産後数ヶ月経ってリウマチの症状が出た経験のあるひと。そのひとは、ふたりめのお子さんが生まれた後に産後養生院に入院してしっかりとケアした結果、以前のような症状は出なかったといいます。

産後養生院では、産前のケアも行っていますが、そのとき、からだが冷たいひとや運動不足のひと、水太り傾向のひとには、「産後のケアも考えて」と声をかけています。

「出産は、それまでの、そしてこれからの生活を見直し、自分の体質傾向と向き合う絶好のチャンス。思いがけず難産だったり、大量に出血したりすると、産後のからだには、かならず無理が出ます。そのとき、ささいな不調でも見逃さないようにすること、そしてそんな自分に気をかけてあげる意識が大切なのです」

産後養生って何をするの？

それでは、出産直後には
どんなことをすればよいのでしょうか。
たつのさんの産後養生院にお邪魔し、
産後ケアの内容を見せてもらいました。

下ごしらえに使う香辛料の一部。野菜をゆでるときに一緒に入れると野菜のうまみが引き出され、消化がよくなります。また、食事の味つけを薄くできます。

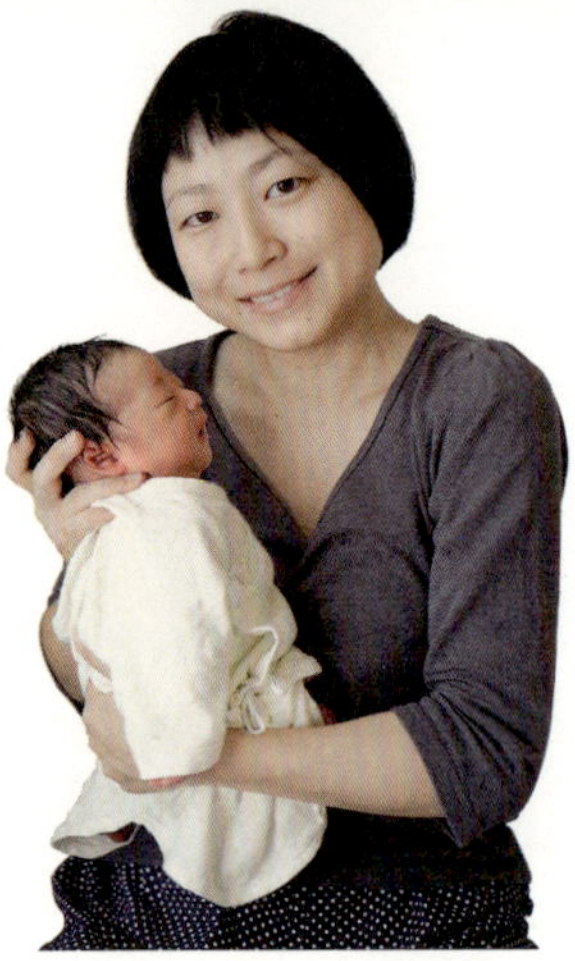

5月26日に男の子を出産したばかりの吉田有美さん。別の病院で出産後、産後ケア入院。体力も回復し、取材の翌日退院予定でした。

「ごはんがとってもおいしくてラクチン、天国みたい。自宅に帰りたくない〜」と吉田さん。来る前は這ってしか動けなかったのが、すっかり元気。

内側から整えよう 食事

産後は自律神経とホルモンのバランスが不安定で、ちょっとしたことで体調不良に陥りがち。そんなときの食事は、消化に負担をかけず、回復を促すのがポイントです。

ある日のメニュー

左上から、干しれんこんのくるみ和え、ブロッコリーと玉ねぎ・スナップえんどうの和えもの、きゅうりの塩麹漬、ごぼうとにんじんのフライ、えのきとわかめの排毒スープ、ハトムギ入ごはん。「食欲が回復してきていますので、少量で滋養のあるメニューにしています」とたつのさん。

産後の食事の参考に…

①調理したての温かいものを食べる（生もの、くだもの、生サラダも避ける）。
②主食はできるだけごはんに（代謝を高めるので）。
③産後1ヶ月は野菜中心に。
④温かい汁物を多く摂る。
⑤発酵食品をじょうずに摂る（消化・排泄力を回復）。
⑥油ものも適度に摂る。極端に抜かないこと。
⑦産後1ヶ月の間、肉・魚を摂る場合は調理工夫して、消化よく。

消化がよく、排泄作用のある野菜を！

食事の食べすぎは、背中や首・肩こりの原因に。体力が消耗しているのに、妙に食欲だけあるという方は、おやつで調節しています。

産後はゴロゴロが基本！

ゴロ寝ヨガ

ヨガインストラクター・深堀真由美さんの「ゴロ寝ヨガ」を取り入れています。ヨガは寝て行うと副交感神経が優位になり、リラックス！

橋のポーズ

両足はひざを立ててそろえ、両手は真横に広げ、手のひらは下に。息を吸いながら、腰を上げます。

膣のしまりをよくし、ゆるんだ骨盤をきゅっ！

午前、午後、就寝前に軽い体操やヨガを行っています。産後の女性は、からだはガタガタ、頭もボケボケ。とくに切迫早産で妊娠中、ずっと安静を強いられてきた方は筋肉が落ちていて、いままでできたことができないと、自信をなくす方もいらっしゃいます。ですので、ラクにできるポーズにチャレンジしてもらい、「昨日はできなかったポーズができるようになった」と、回復に向けて自信を高めてもらうことが大事。

産後養生院のモットーは「日に日に回復を自覚すること」。回復を実感できれば自信がつき、自分のからだへの意識を高められます。

伸長の変型ポーズ

両足は伸ばしてそろえ、両手は胸の前で合わせ、息を吸いながら頭の上にまっすぐ突き出します（ひじ、ひざは曲げないよう）。

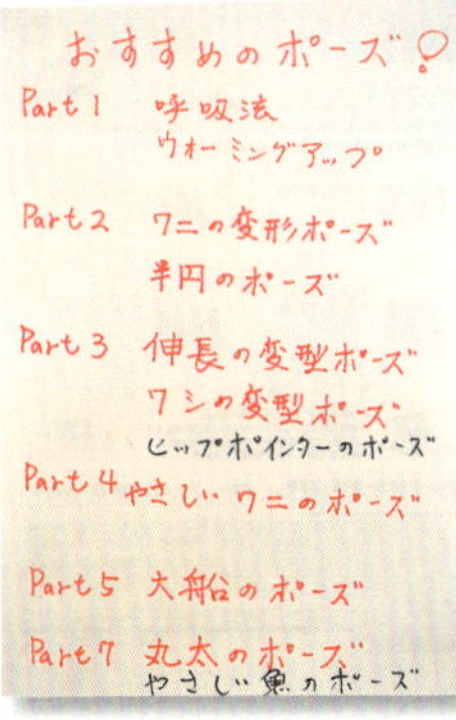

産後の女性におすすめのヨガのポーズが貼ってありました。やさしいポーズからチャレンジ。

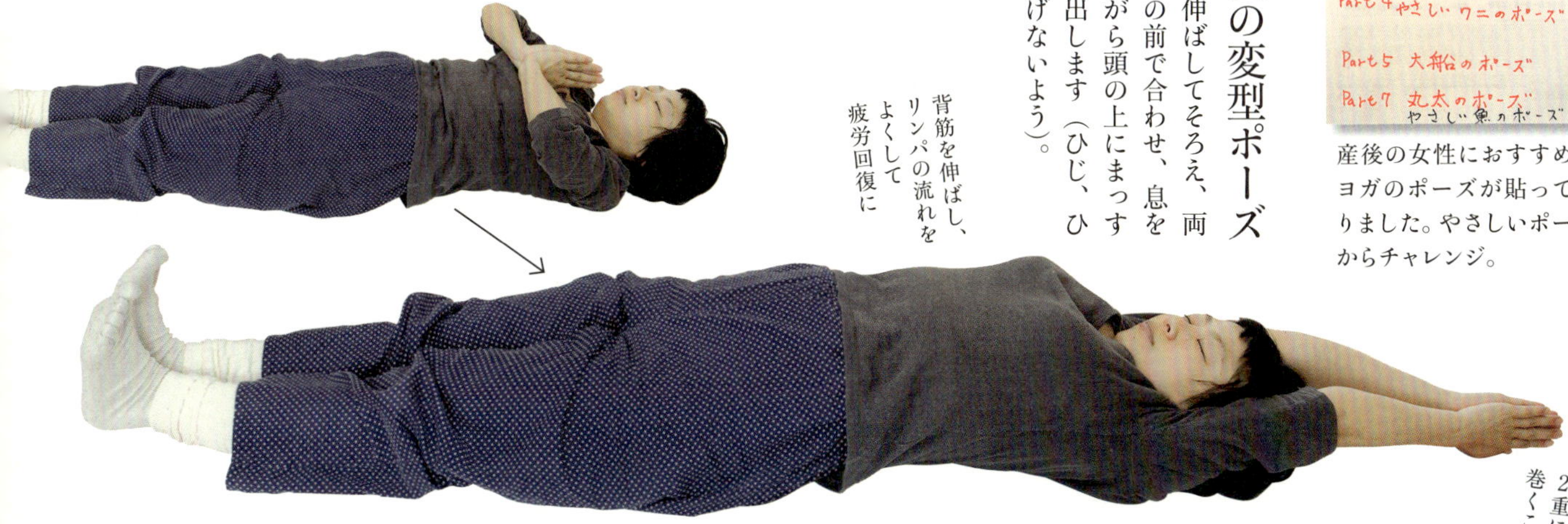

背筋を伸ばし、リンパの流れをよくして疲労回復に

巻きずれを起こさないコツははじめと終わりを2重に巻くこと！

骨盤のゆるみにはさらしの腹帯がいちばん！

産後の腹帯には、しまり具合を自分で調整できるさらしがおすすめ。からだの正中（真ん中）で折りながら巻くので、からだの中心に意識が向かい、落ち着きが出てきます。おなかが温かいので、血流がよくなり、汗もかきやすく。授乳中うっかり寝てしまってもからだを冷やしません。おっぱいのトラブルにもいいんですって！

さらしの巻き方

用意するもの…
さらしの腹帯5m（縦半分に折る）×2本

橋のポーズをとって、巻いてみて

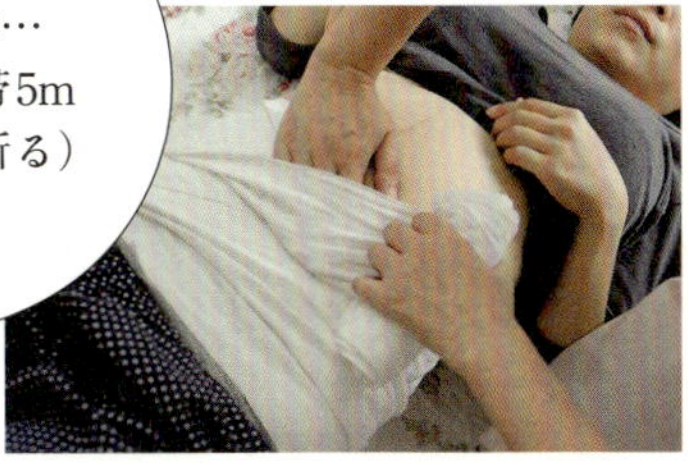

①橋のポーズをとりながら、恥骨から腰骨を覆うように巻き、正中で折り返し、上方向に巻いていきます。

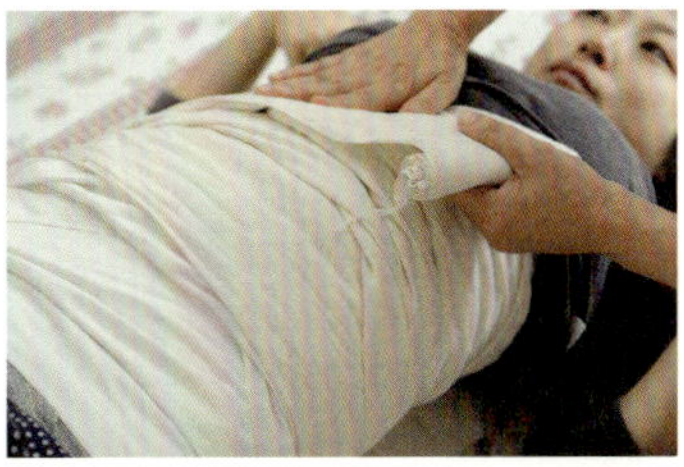

②1本目がおへその辺りで終わるので、もう1本の端を5cmほど重ねて同様に巻き、おっぱいの下まで巻きます。端は巻き目に挟み込みます。

諸症状を外側からケア！

ボディケア

産後の不調は神経の疲れがおもな原因。からだに気持ちいいことをして、神経の緊張を取ってあげましょう。

3月22日に第4子目の煌琉（きらり）さんを出産した助産師の織田涼子さん。この日、煌琉さんのベビーマッサージとご自身の施術を受けに来られました。

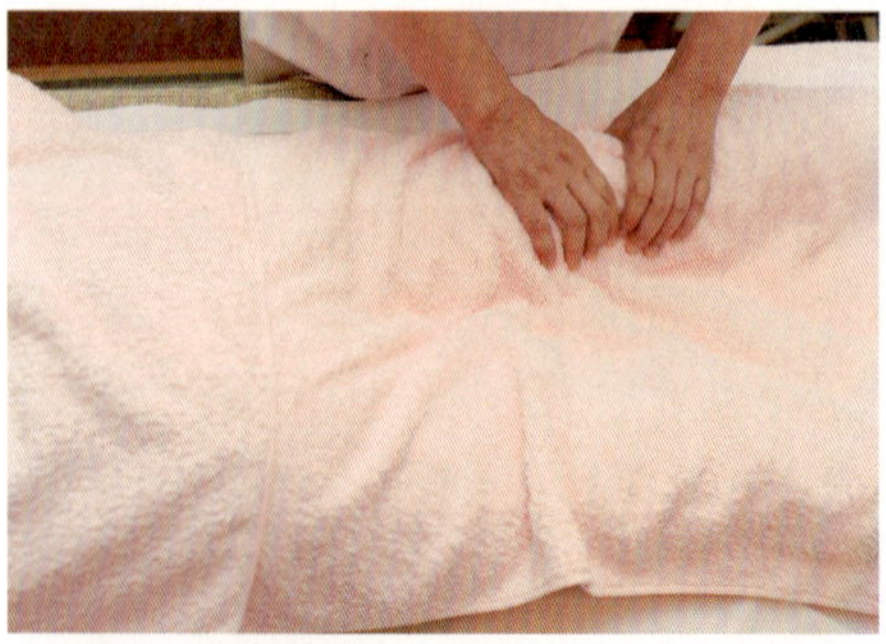

内ももは腎経という経絡が流れており、不調が出やすいところ。足のつけ根から膝までの内ももをもみほぐすと、膣や産道のしまりがよくなります。簡単なので、ぜひパートナーにやってもらってみては。

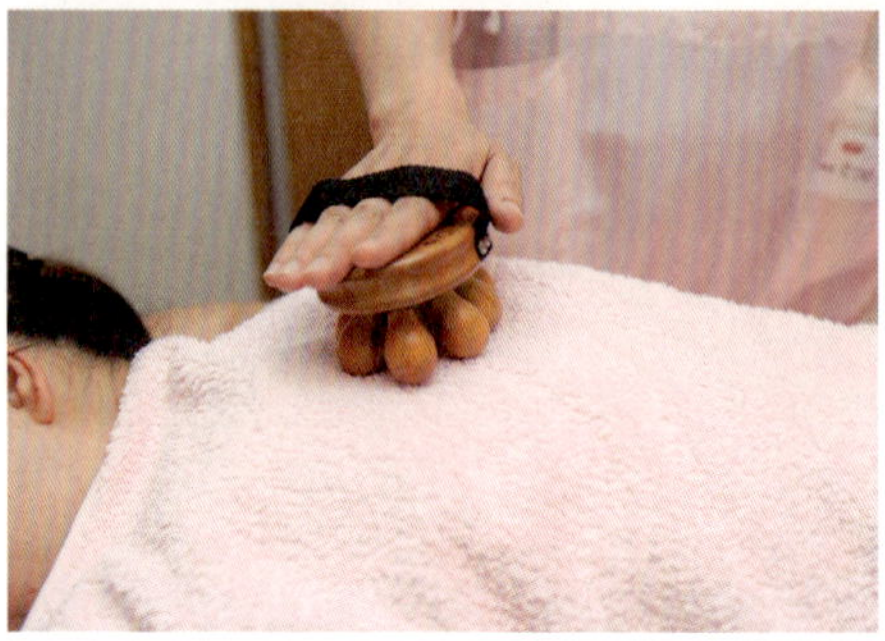

もむ力が強いと、もみ返しがくることも。そんなときは、アロマショップなどで売っているマッサージブラシなどのグッズを使うと、やるほうもラクに行えます。お互いやり合いっこしてもたのしそう。

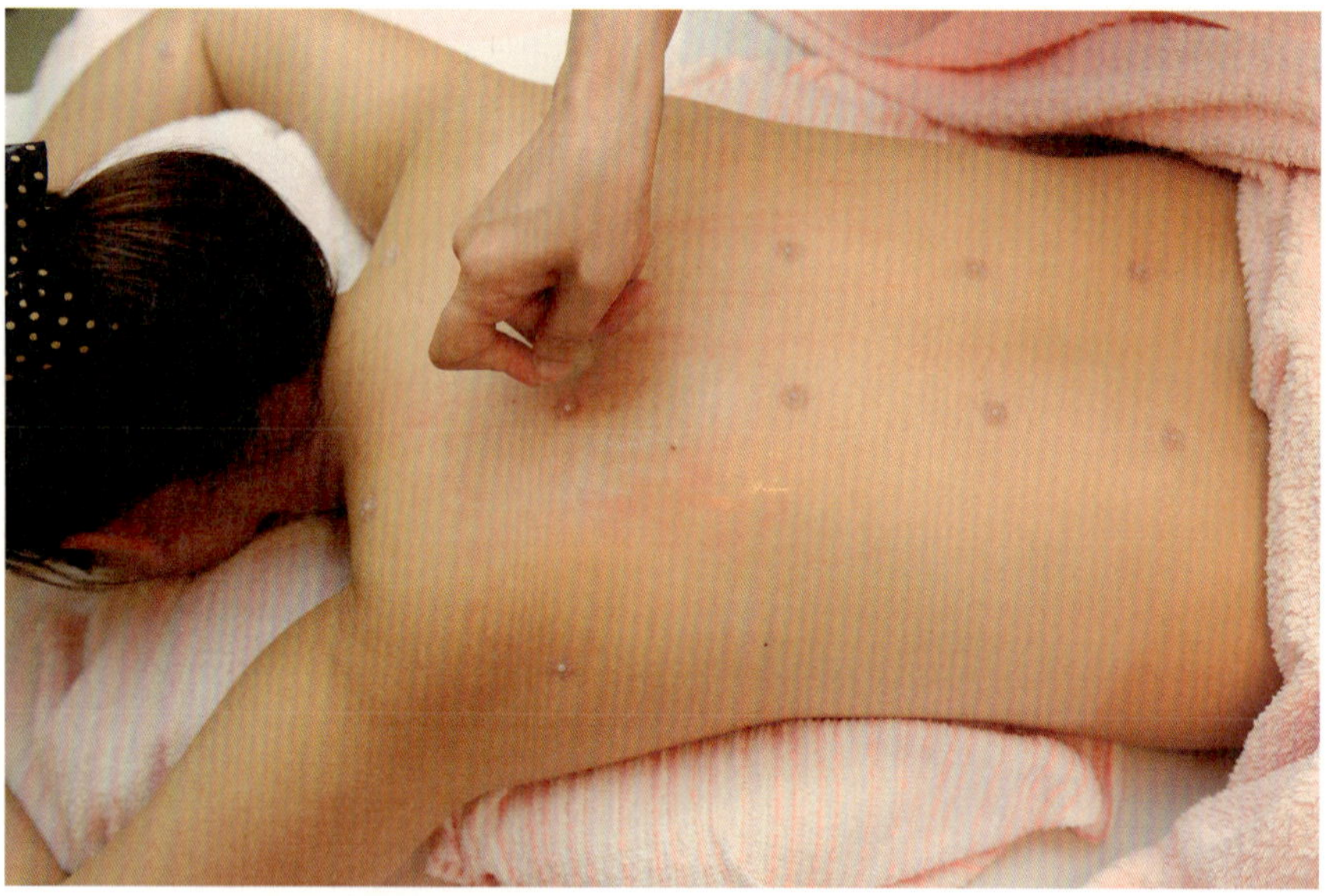

たつのさんは織田さんの皮膚のくすんでいるところを温灸であたためたあと、睡眠不足に効くツボ、首・肩こりに効くツボ……と、背中に皮内鍼《ひないしん》*を刺していきました。それから、天然石のかっさプレート*で背中をさすり、リンパの流れをよくします。かっさプレートは500円玉で代用できます。

出産後はからだの感覚が鈍り、鼻がつまりがち。炎症を抑える効果のある*ターメリックオイル（シアバターや馬油でも）を粘膜に塗ると、つまりがとれて、酸素が頭にいってすっきりします。

漢方薬の当帰を入れたお湯の蒸気を鼻から取り入れることでからだ全体の血流がよくなります。おうちでやるなら米のとぎ汁がマイルドでおすすめ。片鼻を交互に押さえながら、10分ほどどうぞ。

産後は神経の疲労で不調を起こしやすい時期。気をつけていただきたいのは帯脈（腰からおなかにかけての経路）や仙骨（背骨の付け根部分）のくすみです。とくに仙骨は、ホルモンのアンバランスが出やすい場所で、放っておくと婦人科系が慢性的に弱くなる可能性があります。

当初、織田さんも仙骨周辺の皮膚がくすんでおり、子宮を支えるじん帯が消耗してゆるんでいました。通常は安静にしていれば治るんですが、充分な休息をとれなかったり、からだが冷えていたりすると表れます。最近は甲状腺異常を抱える女性が増えていますが、これも産後動きすぎることで疲れがたまり、起こる症状。

産後1ヶ月は夜間授乳で寝不足になる時期でもありますが、うまく家族の協力を得て、からだを回復させることが大事です。

＊皮内鍼…絆創膏に短い鍼がついており、肌にセットして使用する。
＊かっさプレート…天然石でつくられた、櫛のように平らなマッサージ道具。
＊ターメリックオイルのつくり方…セサミオイル（200cc）にウコン（大さじ1）を湯煎しながら溶かし、24時間置いたあとでできる黄色い上澄みを使用。

たとえば産前、産後に神経過敏になっているひとは、アーユルヴェーダでいう「ヴァータ傾向」が強まっています。なんとなく落ち着きがなかったり、おなかがすいたからとお菓子を持ち込んで食べたり、といった状態が不眠の前段階に表れやすいでしょう。

そんなひとには、自分の性格や人間性を責めないように、アーユルヴェーダの体質論を説明して、「ヴァータを落ち着かせましょう」と言い、それぞれの体調に合った方法で改善していきます。

絶対にやってはいけないのは、からだを冷やすこと。たった数分でも涼しい風に当たれば、夕方には頭痛がしたりおなかが痛くなることも。朝、窓を全開にして寝室の空気を入れ替えるという習慣も、産後1ヶ月は慎重に行いましょう。

体調によって
ケアの仕方を変えて

体調チェック

たつのさんのところでは、アーユルヴェーダの観点でこまやかに体調を確認しています。産後は毎日調子が異なるため、セルフチェックで傾向を見てケアの仕方を変えてみましょう。

わたし、ピッタが強いんでしょうか
うまく体質とつき合っていけばいいんですよ

いまの体調をチェックしてみよう

アーユルヴェーダでは、ひとが本来もっているエネルギーを
ピッタ（火）、カパ（水）、ヴァータ（風）の3つに分け、そのバランスを見ます。
いちばん多くチェックがついたところが乱れやすくなっているので、
バランスをよくする生活をこころがけましょう。

ピッタ

- □やたらに汗が出る
- □肌に赤い発疹ができる
- □顔面や鼻が赤い
- □結膜が充血する
- □大食する
- □口内炎ができる／口臭が強い
- □口が渇く。口内が塩辛い
- □胸やけや肛門の灼熱感がある
- □軟便気味で下痢しやすい
- □目が冴えて眠れないことが多い
- □短気で怒りっぽく、ひとの欠点が目につく

合計（　　）個

●ピッタに多くついた方は…からだに熱がこもっていて、からだに悪い影響を与えています。落ち着く香りで空間を居心地よくするなど、イライラしないように気持ちをリラックスさせて生活しましょう。

カパ

- □からだが重く、何事もおっくう
- □湿気が多く、気候が寒くなると不調になる
- □手足がだるかったり、関節の痛みがある
- □食事を抜くとからだがラクになる
- □風邪気味で鼻水や鼻づまりが抜けない
- □咳に痰が絡みやすい
- □居眠りしやすい
- □少なくとも8時間は寝てしまう
- □ミミズ腫れのような発疹ができやすい
- □何事をするにも気が進まず尻込みしてしまう
- □朝は気分が重く、やる気が起きない

合計（　　）個

●カパに多くついた方は…からだの水はけが悪くなっています。水分が多くて体調を崩しがちなので、乾布摩擦が有効。運動をしっかりしましょう。ヨガはほどよく疲れる程度に行って。

ヴァータ

- □肌がかさついている
- □胃腸の調子が悪い
- □便秘がちである
- □頭痛、腹痛、筋肉痛、けいれんなどの痛みが起こる
- □いろいろ思い浮かぶが、注意力や集中力がない
- □寝つきが悪く、よく目が覚める
- □眠りが浅く、怖い夢や不安な夢を見る
- □なんでもないときに心臓がドキドキする
- □お酒やタバコの量が多い
- □心配で気持ちが落ち着かないことが多い
- □疲労しやすく、午後になると気が滅入ってくる

合計（　　）個

●ヴァータに多くついた方は…からだに水分が少なく、カラカラすぎて体調を崩しがち。ヨガなどもやりすぎる傾向があるので、マッサージなどで気持ちよく刺激し、ヨガは疲れない程度に行ってください。

じょうずに家族の協力を得るためのコツ

不調をひとりで抱え込むと、さらに症状が悪化し、あかちゃんのお世話もままならなくなります。家族の協力を得るためにどんなことをしておけば?

1 出産によるダメージを知ってもらう

産後の女性は一見元気そうに見えても、内臓はダメージを受けています。出産時に最低でも200㎖出血し、会陰を切開されて縫ってある、いわば“けがをして”軽く打撲を起こしたような状態だということ。骨盤も閉じていたものが広がってゆるんでいるので、からだを横にして安静にする必要があるのだと、家族に整理して話しておきましょう。

2 事前に産後のレシピを渡しておく

産後すぐは、食事をつくることもままならないため、料理はできれば家族にお願いしたいところ。産後のからだに合った、薄味で野菜中心の簡単な養生レシピを事前に渡しておくことをおすすめします。最近は、野菜中心のレシピ集や排毒レシピの本が出ているので、参考にしてみては。

ねぎ類やごぼうには排泄作用があり、お産で出しきれなかった老廃物を出すのにも有効。

3 お風呂で背中を洗ってもらう

シャワーしか浴びられないときなど、家族に一緒に入ってもらい、背中を流してもらいましょう。タオルに石けんをつけて背中を流してもらうと、それ自体がいいマッサージになり、おっぱいのつ滞や首、肩、背中のこりが取れていきます。家族に頼みづらいときは、「病院でこういう指導を受けたので」とか、「あかちゃんにいいおっぱいをあげるため」などと言うと、やってもらいやすくなります。

首を洗い流すとリンパが動きはじめるので、とても爽快感があります。

波長を合わせて何でも言える空気をつくって

どんなに産後ケア入院でからだを休めても、家に帰ったとたんに産前の生活に戻してしまっては、意味がありません。そこでたつのさんたちは、産後の特徴として、心身ともに急に不調になりやすいことを説明し、日常生活のうえでの注意点をおしえる、といった取り組みを入院中から行っています。

それでも、かならずしも本人がそれを理解して受け入れるとは限りません。そこで、たつのさんは家族にも注意点を伝えます。

「おかあさんのコンディションをよくしないと、あかちゃんの夜泣きも激しく、落ち着きません。結果、家族も大変になるんです」

危険なのは、「休みベタ、甘えベタなひと」。がんばってしまうひとほど、不調になりやすいとか。

また、「家族に自分の症状を言えないおかあさんも多い」とたつのさんは言います。「まずは何でも言える雰囲気をつくること。できるだけ同じ空間にいて、話を聞いてあげること。しゃべり方を合わせたり、お茶を飲むときは『ぼくも一緒に飲も

自分に合った産後ケア施設を見つけるには

つらいとき、困ったときに駆け込める場所があれば、こころ強いもの。たとえ、諸事情で家族を頼れなくても、不安にならずにすみます。

たとえば、東京にはこんな施設があります

武蔵野大学附属 産後ケアセンター桜新町

助産師が24時間体制で産後ケアを行う日本初の施設。家庭的な雰囲気で、さまざまなケアを行うほか、臨床心理士によるカウンセリングなどメンタルサポートも充実。世田谷区民であれば、利用料の9割を区が負担してくれます。
東京都世田谷区桜新町2-29-6
tel 03-5426-2900
http://www.musashino-u.ac.jp/sa_ca/
最寄り駅…東急田園都市線「桜新町」

漢方を処方してくれる病院

漢方本郷鐙坂《あぶみざか》医院

35年前に院長の岡田医師が漢方と出会って以来、漢方を中心とした総合的な診療を行っている。患者一人ひとりに合った治療には定評があり、女性からの信頼も厚い。
東京都文京区本郷4-11-2
tel 03-6906-9901
(診療時間は水・金曜日15:00～18:30)
最寄り駅…都営地下鉄三田線・大江戸線「春日」

まつしま病院

「子宮と地球にやさしい病院」がモットー。産婦人科と小児科、心療内科を中心に中医(漢方専門医)による治療が受けられます。
東京都江戸川区松島1-41-29
tel 03-3653-5541
http://www.matsushima-wh.or.jp/
最寄り駅…JR総武線「新小岩」

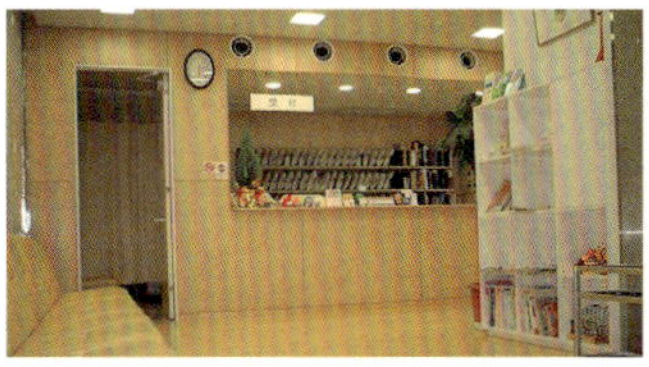

陣内耳鼻咽喉科クリニック

たつのさんが懇意にしている漢方医。院長の専門は耳鼻咽喉科ですが、漢方を取り入れ、産後の方に限り診療を行っています。
東京都渋谷区笹塚2-10-4
Y笹塚ビル2階
tel 03-3370-6635
http://www.jjclinic.jp/
最寄り駅…京王線「笹塚」

お住まいの地域で見つけるにはこんなことをチェックしてみてください。

母子手帳をチェック

母子手帳には産後の母子支援活動を行う施設情報が掲載されています。妊娠中からチェックしておきましょう。

保健所に電話して聞いてみる

助産院は出産だけでなく産後のケアもします。行政に届け出を出して運営されていますので、まずは保健所に電話して聞いてみるのが近道です。

保険が適用になる場合もあります

救急車で運ばれた場合や、産後出血、高齢出産、高血圧症などの場合、かかりつけの医師が産後に介助が必要、と診断書に書いてくれれば、保険が適用になることも。

不定愁訴には漢方薬

自制できないイライラや貧血、不眠、うつなど原因不明の不定愁訴には漢方薬がおすすめ。保険がきくものもあるので、漢方を処方してくれる病院を見つけておきましょう。

うかな』と言ったり、肩をさすっていたら『痛いの？』と声をかけたり。気を遣ってもらっているとわかるだけでもうれしいもの。とくにボディタッチでいたわりの気持ちを示すと効果的です」

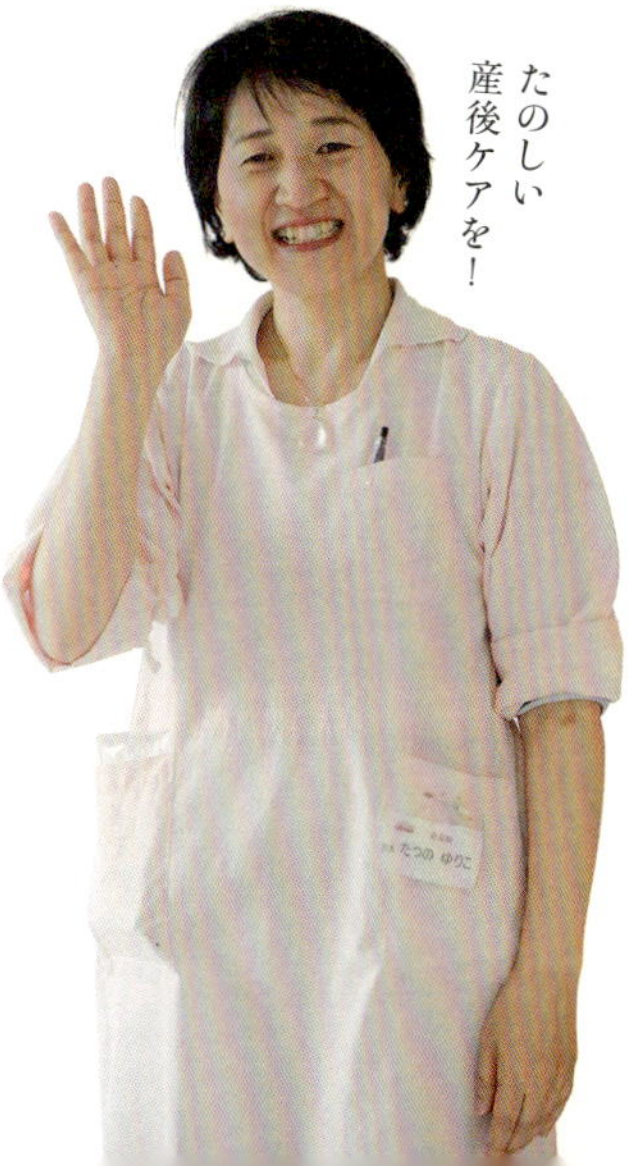

たつの・ゆりこ　助産師・鍼灸師。女性とあかちゃんのための施設「お産の家 Be born」院長。大学病院や助産院に助産師として勤務したあと、渡英してナチュラルセラピーやアクティブ・バースなどを学ぶ。1997年にお産の家 Be born を設立。東洋医学とアーユルヴェーダ医学の考えを取り入れ、妊娠・出産から産後の生活までサポートする。

クレヨンハウスの本
crayonhouse

0～6歳の「のびのび育児」［月刊クーヨン］とご一緒に！

子どもにとって0～6歳をどう過ごすかはとても大切。
一人ひとり違う子どもの育ちを見守るために、
本当に必要なことって何だろう？
［月刊クーヨン］は、そんな視点でみなさんと一緒に考える雑誌です。
毎月3日発売
A4変型　112ページ　980円

特集　育児にとって必要な情報を毎号30ページ！

気になる？ わが子の「おそいはやい」
（2012年5月号）

サブ特集　絵本紹介はたっぷり10ページ！

おもちゃも！

お得な定期購読

6ヶ月定期購読
購読料金…**5,880**円

1年間定期購読
購読料金…**10,780**円
1冊分無料！

2年間定期購読
購読料金…**21,560**円
2冊分無料！

1. インターネットHPで
http://www.crayonhouse.co.jp/
※クレジットカード、振込用紙（銀行・郵便局・コンビニで利用可）でお支払い可能です。

2. お電話で
クレヨンハウス出版部　定期購読係
TEL.03-3406-6372（月～金　9時～18時）
※専用の振込用紙をお申し込み後にお送りします。（銀行・郵便局・コンビニで利用可）

＊いずれも**送料無料**で、発売日までにご自宅へお届けします。

［月刊クーヨン］から生まれた育児書です！

マタニティ期から頼れる“自然な子育て”のバイブルいろいろ

シュタイナーっておもしろそう

クーヨンBOOKS①
『シュタイナーの子育て』
A4変型　144ページ　1,575円

家庭でできるおだやかなケア

クーヨンBOOKS②
『あかちゃんからの自然療法』
A4変型　128ページ　1,470円

ユニークな世界の教育から子どもを知る

クーヨンBOOKS③
『のびのび子育て』
A4変型　144ページ　1,575円

自分の不調を自分でケア

クーヨンBOOKS④
『おかあさんのための自然療法』
A4変型　128ページ　1,470円

はじめての自然派子育て入門書

クーヨンBOOKS⑤
『ナチュラルな子育て』
A4変型　128ページ　1,470円

子どもの自主性を育てる

クーヨンBOOKS⑥
『モンテッソーリの子育て』
A4変型　128ページ　1,470円

気持ちいい毎日、はじめよう

クーヨンBOOKS⑦
『女性のためのナチュラル・ケア』
A4変型　144ページ　1,575円

野口整体の考え方

「その後」が
＼ぜんぜん／ちがう
産後の過ごし方

暗く、あたたかいおなかの中から出てきたばかりのあかちゃんと、十月十日の妊娠生活を終えたばかりのおかあさんにとって大切なことは全部、昔ながらの「産後の過ごし方」にありました。

お産のあとに、しっかり養生に専念できる環境が整うなら、こんな過ごし方も。

日本古来の知恵と共通点の多い野口整体を長年学んできた金井梅乃さんに、産前よりももっと元気になれる産後ケアについてお聞きしました。

お話＊金井梅乃さん（「梅庵」庵主）
イラスト＊松尾ミユキ　取材・文＊加藤有美（ピスタチオ）

おかあさん編

「床上げ」までをきちんと休む。昔ながらの「産後の知恵」を大切に。

床上げまで

床上げとは、産後21日を目安に、母体のからだを休めていた状態から、徐々に、日常生活に復帰していくこと。昔は日常生活から隔離された暗く、静かな「産屋」で分娩を行い、そのまま母子ともに休息を取り、回復するのに必要な時間と空間を守っていました。現代でも、お産をした直後は寝たままで過ごすのがベスト。光は目の神経を刺激し、母体の負担に。光と音のない部屋で過ごします。トイレはおむつで。食事は食べさせてもらいましょう。

産後1週間
おかあさんの
からだを休め、
あかちゃんと
水入らずの時間を。
昔のひとの
こころづかいが
「床上げ」。

床上げまでの過ごし方で変わる、その後のからだ

おかあさんのからだは分娩直後から再び大きく変化します。妊娠中、産道を広げるためにゆるみ、分娩で全開した骨盤は、後産と同時に少しずつ閉じはじめます。このとき骨盤は左右対称・同時ではなく、片方ずつ交互に少しずつ閉じていきます。

昔から日本では、産後は「床上げ」まで充分回復・休養させなさいといわれてきました。この期間しっかりからだを横にして休むことは、産後の出血や発熱の予防、そして骨盤のケアの点で大事だったのです。

骨盤が閉じきる前に、たとえ上半身だけでも起き上がると骨盤はゆがんでしまい、からだと生活にさまざまな不調和を引き起こします。骨盤の養生はその後の子育てや生活に活力を与え、長い一生を支えるからだの土台を築き直すよい機会なのです。

また、産後にあかちゃんと水入らずの時間を充分に取れると、子どもの要求や、かすかな変化に対する感度が高まります。ことばや現象に振りまわされず、子どもの内側から立ち上がる生命力に向き合う「親力」を養う意味でも大事な時間なのです。

産後2〜3週間

大事なのは、「起き方」。検温で骨盤の閉じ具合を確認したらゆっくり横向きに起き上がりましょう。

仰向けの状態から自分の「向きやすい」側へ横向きになります。絶対に仰向けのまま起きてはダメ！

横向きになったら、上の手をまず床につき、下のひじでからだを支えつつ、横向きのままゆっくりと上体を起こし、20分正座します。

産後2〜3週間

「床上げは21日」を目安に。お産の儀式のしめくくりです。気持ちを切り替えていきましょう！

床上げのタイミング

体温計を2本用意し、8時間おきに左右両脇の下で同時に検温します。左右の体温が同じ温度に3回そろったら、骨盤が閉じたしるし。床上げに向けて、一度起き上がり、骨盤を慣れさせます。腹筋を使って仰向けから起きずに、横向きで起きて正座します。その後、初産のひとは一昼夜、出産経験者はひと眠りしたら床上げしてOKです。

床上げしたら

昔から「床上げは21日」といわれます。骨盤が閉じきり、起き上がって生活できるようになるまでには個人差がありますが、遅くても3週間程度で床上げできます。長かった「お産」は、この床上げでおしまい。*ここからは、気持ちを切り替え、いつまでもダラダラせず、日常の生活に戻していきましょう。

*骨盤が閉じたあともいつまでも寝たままでいると、また開いてしまうので注意してください。

産後3〜4週間

手首・足首は子宮の「窓口」。冷やさない、疲れさせないで。2ヶ月間は水仕事はご法度！

日常生活へ

床上げ後はいつもの生活に戻していきますが、「産後は水仕事をさせない」という昔からの言い伝えもあるように、手首や足首を冷やしたり、酷使したりしないように注意しましょう。2ヶ月間は、炊事にはお湯やゴム手袋を使い、足元はあたたかくし、重いものは持たないこと。子宮と直結している手首・足首をいたわって。できればシャンプーも控えめに。

産後1ヶ月から

ゆっくり過ごせなかったら産後の体操でリセット。あとからでも間に合いますよ！

リカバリー期

家族の手助けが得られる自宅出産や、よほど手厚いケアが受けられる産院でないと、産後数週間も寝たままの養生は難しいかもしれません。骨盤が閉じきるまで寝ていることができなかった場合には、産後1ヶ月したら、骨盤を整える体操を。専門家の指導のもとで、きちんと骨盤をケアできれば大丈夫ですよ。

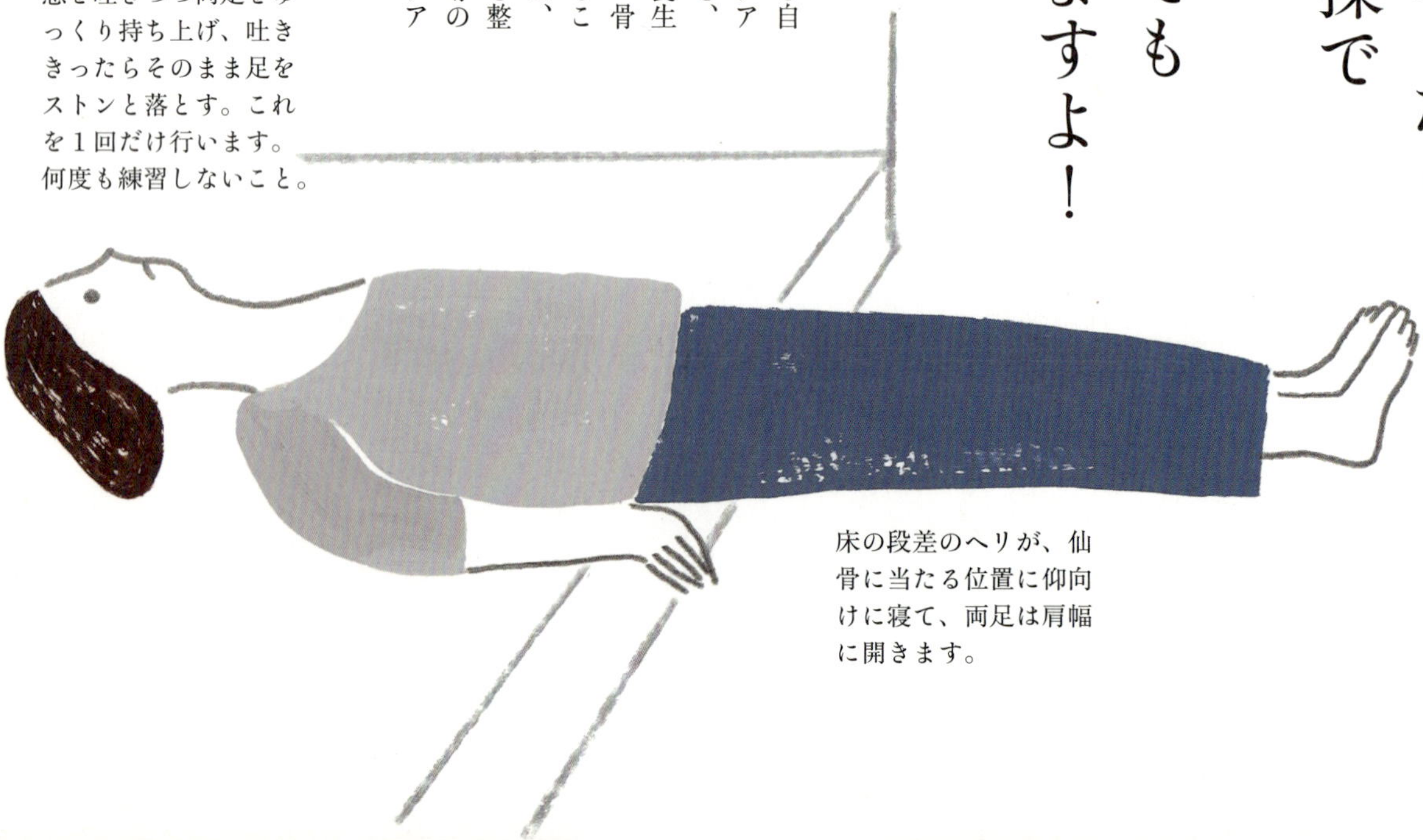

息を吐きつつ両足をゆっくり持ち上げ、吐ききったらそのまま足をストンと落とす。これを1回だけ行います。何度も練習しないこと。

床の段差のヘリが、仙骨に当たる位置に仰向けに寝て、両足は肩幅に開きます。

あかちゃん編

生後1ヶ月くらいまで

2週間は真っ暗闇の中で休ませ、4週間かけて光に慣らしてあげて。視神経によけいな負担をかけないで。

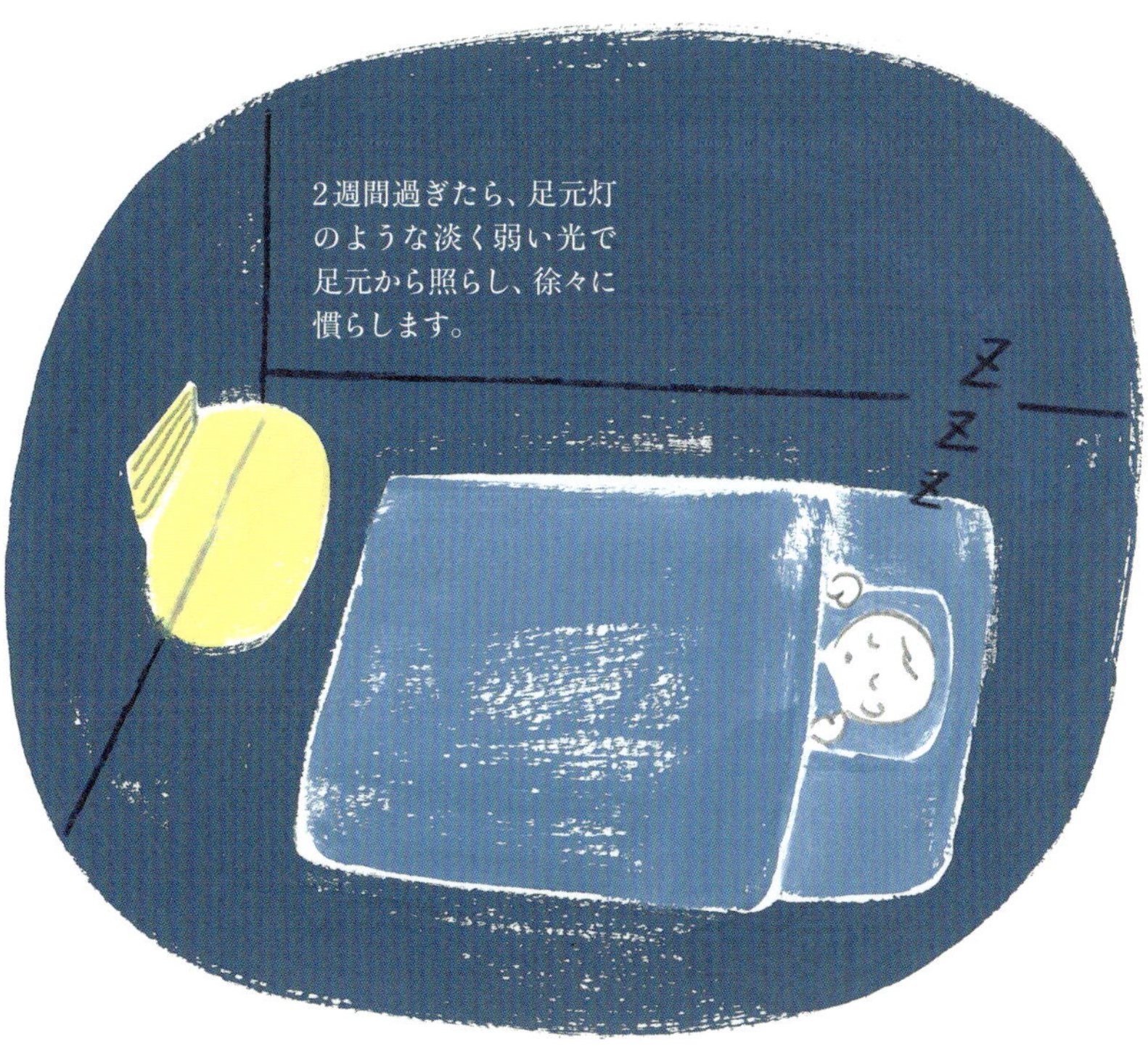
2週間過ぎたら、足元灯のような淡く弱い光で足元から照らし、徐々に慣らします。

まつげがそろうまで

暗くてあたたかいおなかから生まれてきたあかちゃんにとって、光や音があふれる外界は、刺激が強すぎます。昔から「まつげがそろったら、ものが見えるようになる」といわれるように、生まれてから2週間は暗闇の中で、おかあさんとふたりだけで過ごさせます。かすかな光から徐々に慣らし、4週かけて大人と同じ明るさの環境に置いてあげます。

かぞく編

生後1ヶ月くらいまで

母と子のための大事な時間。「産屋ライフ」を守るためにかぞくにできることを。

自宅へ戻ったら

自宅出産でも、産院で出産しても、自宅で家族だけの暮らしがはじまってからが、何かと大変なとき。ほかの家族は仕事などで忙しいと思いますが、おかあさんが安心してあかちゃんと過ごすために、トイレや食事のケアを、ぜひ、引き受けて。光と音に触れさせないように配慮することも大切です。

かない・うめの　野口整体の手当でけがが回復したことを機に整体協会に入門。以来35年の体験をもとに、現在は退会し、東京・調布市で「梅庵（ばいあん）」を主宰。庵主として日常生活の感覚を磨くための講座などを開いている。妊娠初期から、おなかのあかちゃんと父母の心身の調和を求める指導も行う。お問い合わせ…電話 03·3307·9425

はじめて
あかちゃんを
迎える
おとうさん講座❸

ぼくたち、いったいどうしたら…

［出産後のサポート編］

お話＊たつのゆりこさん（助産師）
取材・文＊草刈朋子　イラスト＊松尾ミユキ

腰を痛そうにしていたら、「腰痛いの？」と声をかけて、さすってあげて。気を遣ってもらっていること自体が、女性にとってうれしいはずです。

出産で消耗した女性をしっかり休ませてあげて

おとうさんになる方へ。産後の女性は、体力面でも、精神面でも消耗しています。よく〝子どもを産むと女は強くなる〟といいますが、それは出産して1年後、断乳以降の話。ですから、産後の女性に向かって「産んだから元気になったろ」「女は強い」などと、おっしゃらないようにお願いします。本当に簡単な計算もできないほど激しく消耗しているので、会話がかみ合わない場合がありますが、この時期だけのことなのでご安心ください。

産後の女性は自律神経、ホルモンの機能が不安定なため、体調が一定でなく気も高ぶりやすいので、ボディタッチをして落ち着かせてあげてください。さわるポイントは背中。産後の授乳で昼夜の感覚が麻痺し、パンパンになっています。やさしくさすってあげましょう。ハグも後ろからのほうが効果的。家事は自分ができることはやり、女性を休ませましょう。それがよりよい子育てにもつながります。まずはできることから一歩ずつ。

みんなで
一緒に考える
これからのお産

知りたいこと、気になること
ひとりで悩まない

このような時代に、
このような社会環境で
子どもを産むことについて、
気になることや素朴な疑問を、
それぞれ詳しい方にうかがい、
アドバイスをいただきました。
ひとによって、お産の環境や
状況はさまざまだけど、
安心して産みたい！
その願いはみんな一緒です。

Q
自分らしいお産や〝産む場所〟って？わたしも見つけられるか心配です……。

A
「病院でなければ」というこだわりを一度捨ててみませんか。産む場所、産み方はほかにもあります。

「お産」がピンチ⁉

身近なお産施設で出産の扱いが減ったのは2006年頃から。開業産科医の高齢化に伴って、地域の産科医院の閉院が続出します。大病院では、晩婚化の影響でリスクが高いとされる妊婦が増加。それに伴い高度医療を必要とする新生児も増え、産科医の負担は増していきました。勤務が不規則で、訴訟のリスクが高い産科では、次々と医師が辞めていき、閉鎖する産科が続出。妊婦さんは「産む場所がない」という現実に直面しました。

一方、助産師の国家資格をもったひとは全国で6万人。彼女たちが病院や地域のなかでもっと活躍できるようになれば、産み方や産む場所の多様性が広がるという指摘も。しかし「お産は病院でないと不安」という傾向は根強く、解決にはまだ遠いのが現状です。

たしかに産科は減っていますが、なくなったわけではありません。女性のこころとからだを大切にして、産科医と助産師との信頼関係のなかで、安心と満足が得られるあたたかなお産をつくっていく必要があります。

お産と医療との関係

お産を取り巻く社会的問題の背景には、産科医師不足、大病院集約化に加え、医療法19条改変の問題もありました。法改変により、開業産科医とNICU（新生児集中治療室）を完備した病院との嘱託連携が取れない助産院は開業できないことに。母子の生命を守るために医療機関との連携は欠かせませんが、産科医院が閉鎖しては嘱託医も見つからず、開業したくてもできません。

さらに国の「出産育児一時金の医療機関への直接支払制度*」も悪循環を招く一因となっています。

出産育児一時金42万円が2ヶ月遅れて医療機関に入金されるため、産科施設、開業助産院が運転資金の調達困難に陥り、閉鎖の原因に。年間5100人のお産〝難民〟が発生している理由のひとつがここにあります。

開業助産師は、地域のなかで、安心して「子産み子育て」ができる社会をつくる仕事。豊かなお産ができる社会のためにチャレンジする仕事ともいえます。新しいいのちとそのいのちを産み出す女性の数だけ、多様で豊かなお産が保障される社会をめざして役立ちたいものです。

お話＊矢島床子さん
矢島助産院・院長

やじま・ゆかこ　東京都国分寺市の矢島助産院院長。3000人以上のお産に携わる。お産の現場と助産教育の充実に向け、政策を変えようとする団体、NPO法人「お産サポートJAPAN」を設立。2006年に開業助産師の技の伝承プログラム「フィーリングバース セミナー」開始。http://www.yajima-j.net/

文＊三井ひろみ　まとめ＊加藤有美（ピスタチオ）＊2010年5月号掲載の記事をもとに加筆・修正しています。

＊出産育児一時金の支給を受ける見込みがあり、次のどちらかに該当するひと向けの「つなぎ融資」のような制度。①出産予定日まで1ヶ月以内のひと。②妊娠4ヶ月（85日）以上で、医療機関に一時的な支払いが必要なひと。産み方や産む場所にかかわらず、すぐに出産育児一時金が支払われ、「産むひと」「助産するひと」両方が経済的に安定することが望ましい。

Q "お産の費用"って、いったいいくらかかるの?

A 手元にまとまったお金がなくても公的支援で出産はできます。産みたい場所と払える費用の検討を。

「見えない費用」も考える

お産の出費には、「見える費用」と「見えない費用」があります。分娩や入院にかかるのは料金の相場や内訳がわかりやすい「見える費用」。でも実際にはこのほかに、通院や受診の交通費、親や家族など産前・産後に頼れる人手の有無で、別途費用が必要になる場合も。

お産で入院中や、産後すぐに手伝ってもらえる家族がいない場合には、有償で家事・育児支援ヘルパーを頼む必要があり、こうした「見えない費用」も発生します。

少しでも費用負担を軽くするため、妊娠がわかったら、まず自治体の窓口に母子手帳を取りに行きましょう。妊娠届出を書いて提出すると、妊婦健診のための補助券も母子手帳と一緒に交付されます。手続きや受給条件は自治体によって異なるので、早めに各市町村役場に確認を。

一般的なお産の費用

お産自体の費用は基本的に健康保険がきかないので、それなりの出費になります。が、それを助けてくれるのが「出産育児一時金」です。国民健康保険に加入し、妊娠85日以上であれば子どもひとりあたり42万円が、加入している健康保険から給付されます（保険料を払っていることが条件です）。

手元にまとまったお金がない場合、経済的な支援制度が利用できます。出産育児一時金が支給されるまでの間に支払いの必要があるが、いますぐはお金がないという場合には「直接支払制度」[*1]の利用を。出産育児一時金の受給資格がなくても、指定された助産施設でお産をする場合には「入院助産制度」[*2]を利用することができます。

分娩する施設によりますが、もっともお金がかかるのが分娩と入院です。国立・公立か私立か、個室か一般病室かなどで料金は変わります。希望のお産スタイルや分娩施設の費用は事前に調べておきましょう。

お産にかかる費用の目安

お産をする施設	お産にかかるお金 分娩費〜入院費（1週間程度として）
国公立病院	35〜45万円前後
個人病院	40〜60万円前後
産婦人科病院	40〜50万円前後
助産院（自宅含む）	25〜30万円前後

お話＊赤石千衣子さん
NPO法人「しんぐるまざあず・ふぉーらむ」事務局

NPO法人しんぐるまざあず・ふぉーらむ　母子家庭の当事者を中心にシングルマザーが子どもと共に生きやすい社会、暮らしを求め、提言・情報交換・相互援助、交流等の活動を行う。編著書に『シングルマザーのあなたに 暮らしを乗り切る53の方法』（現代書館／刊）。http://www7.big.or.jp/~single-m/main.html

取材・文＊加藤有美（ピスタチオ）

＊1…右ページ欄外参照。＊2…保健上必要であるのに、経済的な理由で病院や助産所に入院できない妊産婦に指定施設での出産費用を助成するもの。各自治体の福祉事務所や各市町村役場の窓口に問い合わせを。

Q パートナーがいなくても、ひとりで産んで育てていけるでしょうか？

A まずは「医・職・住」が整えば大丈夫。助け合える仲間と情報も大切です。

「ひとり」にならないために

出産・育児は、周りのサポートがないと、体力的にも、精神的にも、経済的にも追いつめられやすくなります。まして単親家庭は人手不足などもあってゆとりをなくしがち。まずは産む場所（医）、収入源（職）、住む場所（住）の確保をこころがけてください。

実家や親戚、親しい友だちなどの協力があればまず問題ないのですが、こうしたサポートが得られないことがわかった時点でなるべく早く、地域の相談センター、子育て自助グループのほか、同じ状況の先輩たちがサポートしてくれる当事者団体などを積極的に探して、具体的なアドバイスをもらいましょう。妊娠中の職探しは難しいので、まずは安心して産める場所・住める場所を優先してください。支援制度や施設などの情報も相談センターなどで手に入ると思いますよ。大事なことは、からだの自由がきく妊娠期間中に、なるべくいろいろなかたちの協力関係やつながりをつくっておくことです。

実家で出産・育児ができるなら、仕事を続けたり、探すうえでもほぼ問題ないでしょう。ただ、こうした生活基盤があるひとは、一方で、公的支援制度を受けられない場合が多いということもあります。

生活保護申請をためらわない

昔に比べると、ひとり親で子どもを産み育てる家庭は珍しくなくなりましたが、地域や年代によってはまだまだ孤立したり不愉快な思いもするかもしれません。非婚、未婚、離婚、死別など、ひとりで子どもを育てていくと決心する背景には、それぞれの事情があると思います。ある程度、覚悟しておく必要はあるかもしれませんが、知恵を出し合い、励まし合っていける仲間を見つけたり、自治体のサポートを利用してみたり、勇気を出して行動していってみてください。

それから、これはぜひ伝えたいことですが、ひとりで出産し、仕事や家を探さねばならない場合、一時的にせよ収入源が絶たれる場合もあるでしょう。その場合にはためらわずに生活保護申請を。緊急避難的に生活の安定をはかるのは当然のこと。恥ずかしいことでもなんでもありません。あとですぐに立て直せばよいのですから、ぜひ地域の生活支援課へ相談してくださいね。

お話＊赤石千衣子さん
NPO法人「しんぐるまざあず・ふぉーらむ」事務局

取材・文＊加藤有美（ピスタチオ）

Q “事実婚”だと、お産にデメリットが多いの？

A お産自体には影響ありません。法的には「婚外子」となり、手続きなどが変わってきます。

「父親」が必要な場合は

まず、「妊娠・出産」については、婚姻届を出さず「事実婚」のままで妊娠・出産しても、その時点でとくに不便や不利益はありません。市区町村のサービス利用や母子手帳の発行にも、両親が籍を入れていないことによる影響はありません。

ひと昔前は、保険証や住民票に「婚外子」であることが明記されましたが、いまは公的サービスや医療機関、保育園や学校でも詮索されることはありません。ただ、妊娠し、産院などでの初診で問診票を記入するときには、ほぼすべての病院で「夫」についての質問欄が設けてあり、婚姻の有無などは確認されます。

婚姻関係になくても、男性が父親として、おなかのあかちゃんを公的に認知することができます。「胎児認知」といい、遅くとも生まれる前日までに必要な書類を区役所などに提出。あかちゃんが生まれたその日から効力が発生しますので、出生届の父親欄に、名前を明記できます。

ちなみに、出生届の提出は、婚姻関係にある場合と同じく、あかちゃんの生後14日以内です。

なお、出産後に認知する場合は、「任意認知」といい、同様に必要な書類を提出しますが、出生届の提出よりもあとになるため、出生届の父親欄は空欄となります。

「婚外子」の不利益とは

事実婚カップルの場合、母親は自身の両親の戸籍から抜けて独立した戸籍をもち、子どもは自動的に母親の姓を名乗ります。子どもの姓を父親の姓にしたい場合には、氏の変更の手続きをする必要があります。

事実婚の状態で生まれた子どもは胎児認知されていても「非嫡出子（正式な婚姻関係から生まれたのではない子の意）」と記載されます。また事実婚カップルが結婚した時点で子どもは「嫡出子」となります。

実はこの「嫡出でない子」は嫡出子の1/2の相続権*しかないという法律上の差別があります（民法900条）。わたしたちは、この「婚外子差別」を正したいと思ってきました。入籍するかどうか、どのような家族のかたちを選ぶかは大人の側の事情によるものです。親が婚姻しているかどうかで、子どもの基本的権利に差がつけられているのはおかしい……。そう考えて少しずつ変えていきたいと思っています。

お話＊赤石千衣子さん
NPO法人「しんぐるまざあず・ふぉーらむ」事務局

取材・文＊加藤有美（ピスタチオ）

＊胎児認知されていない「婚外子」は父親との間に法律上の親子関係がないため、相続権は発生しません。

Q 仕事をしています。育休・産休はかならず取れますか？

A 法律で義務づけられています。休みの間もブランクができないよう人間関係をつくっておけば大丈夫。

産後は「強制休暇」です

働いている女性が妊娠した場合、たとえどのような理由があろうと、雇用者は産前産後の休暇を取らせなければなりません。労働基準法でも次のように定めています。

［産前休暇］出産予定日から計算して6週間を産前休暇期間とみなす。もし現実の出産日が予定日とずれた場合でも、出産当日を含めて産前期間とする。

［産後休暇］出産の翌日から計算して8週間を産後休暇といい、この期間内の女性を就業させてはいけない。ただし、産後6週間を経過していて、医師の診断書と本人の希望があり、業務と健康に支障がない場合は働いてよい。つまり産後6週間以内は本人が希望しても働かせてはならない（違反した場合、雇用者は6ヶ月以下の懲役または30万円以下の罰金が科される）。

どんな理由にせよ職場の事情で、この期間中にある女性従業員を働かせることはできません。これは法律で決められた最低限守らなければならない休暇ですので、会社によっては、もう少し上乗せした産休制度を採用しているところもあります。

職場ともしっかり確認を

育児休業は就業規則の必須記載事項です。企業はきちんと定め、記載がなくても、事業主は申請があれば取得させる義務があります。

とはいえ、これだけ社会の経済状況が悪化し、派遣や契約などの非正規雇用の従業員の待遇悪化も伝えられるいま、いくら制度が整っていても「権利」として請求しにくい空気もあるのではないでしょうか。

休暇を取得できても、育休中の代理要員を確保できず、自分の仕事を職場の仲間に負担させている後ろめたさや、雇用の不安を感じるかもしれません。

でも子どもを産み育てるのは、単なる個人的な営みではなく、次の時代の担い手を育成する大事な側面をもっていると思います。

ですから、妊娠したら（できればその前から）、産休や育休を取りたいこと、産後は復帰して働き続けたいと発信し、休暇中もブランクができないようコミュニケーションをとるといいと思います。

よい人間関係をつくっておけば、多少の困難はクリアできるのではないでしょうか。

お話＊小林美希さん
労働経済ジャーナリスト

こばやし・みき　毎日新聞社エコノミスト編集部を経て、フリーの労働経済ジャーナリストへ。若者の雇用、結婚、出産、育児と就業継続を中心に個人の働き方・生き方と経済のしくみに関する社会問題を報道。著書に『ルポ 職場流産』（岩波書店／刊）など。

取材・文＊加藤有美（ピスタチオ）

「育休」とは…2006年3月31日までは30人以上の事業所に適用となっていましたが、現在は会社の規模、業種に関係なく、男女労働者ともに子どもの1歳の誕生日（場合により1歳6ヶ月）前日まで取得できます。

Q 働きすぎによる〝職場流産〟って？わたしもなりそうで心配です。

A 自分のからだと子どもを守れるのは「おかあさん」である自分です。職場の理解を得る工夫もしてみて。

やりがいや責任の陰で

わたしは、働く女性が勤務状況に関連して妊娠を継続できないことを「職場流産」と呼んで調べてきました。いまのところ、この問題について国の統計調査はなく表面化しにくいのですが、たしかに非正規雇用の女性労働者は増えており、大きな環境変化は働く女性の健康にも影響を与えているといえます。実際、妊娠を明かさないままで妊娠初期に流産するケースも多く、国立社会保障・人口問題研究所の調査でも、労働時間が長いほど「妊娠・出産に関する健康に問題がある」との報告がありますし、不妊の原因となる婦人科系の症状の訴えも多いのです。

長期化する経済不況では、企業は生産効率の追求に傾きやすいですし、産休・育休含め1年近い休暇を必要とする女性は、経営上の「重荷」とみられがちです。まじめな女性ほど、そうした状況に配慮してがんばりすぎる傾向があるようです。

また、誰かの役に立ち、必要とされる職業のひと、責任ある立場にいるひと、社会的な意義ややりがいのある仕事に就いているひとほど、「妊娠というプライベートな理由のために、みんなに迷惑をかけるわけにいかない」という思いから、体調不良や不安を押して、無理を重ねることも多い気がします。

「わたしが子どもを守る」

でも、そういうひとにこそ「おなかの子を守れるのは、母親になる自分だけ」という勇気をもってほしいと思っています。いまはまだ「自分ひとりの働き方の問題」でも、子どもの健康や安全を守るのは、親の最大の仕事になるのでは？ おなかの子ども＝妊娠状態を守ることは、子どもを迎えるための第一歩だと考えれば、守るべきもの、果たすべき責任の優先順位も覚悟も、おのずと変わってくると思います。

妊娠したら、または妊娠を希望したら、いまの職場でどんな働き方ができるのかシミュレーションするといいと思います。利用できる制度はあるか。相談できる仲間や経験者がいるか。家族の協力が得られるか。自分の働き方に工夫の余地はあるか。あなたに準備が必要なように、周囲にも準備は必要だと思うのです。

それぞれの働き方や職場で、一緒に乗り切る方法を考えられればいいですね。

お話＊小林美希さん
労働経済ジャーナリスト

取材・文＊加藤有美（ピスタチオ）

Q わたし、まだまだ大丈夫……? 何歳から〝高齢出産〟なんですか?

A 初産は35歳から「高齢出産」ですがあくまでも目安です。

妊娠・出産リスクの目安

「高齢出産」は、WHO(世界保健機構)を中心に、世界共通で用いられている、出産年齢リスクの目安のことです。

これは、35歳を過ぎると加齢によって母体そのものが妊娠しにくくなるということや、妊娠期間中に高血圧や腎臓病などの病気が出る確率が高まることがあるからです。そして、この年齢以上で妊娠した場合に、一定の割合で染色体異常がみられるようになり、その確率は高齢妊娠になるほど高くなるという点もあるからです。いずれも医学的、統計学的なデータによって裏づけられています。

ですから「高齢出産」の場合には、妊娠の間、通常よりもきめ細かな検査や診察を受け、母体と胎児のコンディションを注意深く観察できるようにしたいものです。

からだの摂理も大事に

もちろん高齢出産のリスクは、父親側の生殖能力に原因がある場合も少なくありません。ただ、卵子の場合、生まれる前の胎児の段階で、すでに卵巣内で卵細胞としてつくられています。そして、生まれてから成長とともに、もともと体内にあった卵細胞を少しずつ成熟させて排卵しているのです。つまり、40歳の女性の卵子は、40年分の経年・環境要因の影響をさまざまに受けている可能性があります。35歳まではまだ安心、35歳過ぎたらハイリスク、と年齢だけを基準にして、すっきり線引きができるわけではないのです。

高齢出産だからといって、過剰に不安になる必要はありませんが、やはり、お産は自然の営みです。医療技術の進歩を万能視するあまり、「年齢の限界は克服できる」と考えがちですが、からだのメカニズムは、やはり自然そのもの。授かる生命や、育む体力まで完璧にコントロールはできません。時間とともにからだもまた衰えていくことをこころにとめておいてください。

高齢出産とは…WHO(世界保健機構)は、「35歳以上の初産、ふたり目以降なら40歳以上の出産」を高齢出産と定め、医学界でも世界共通の概念として使われている。生活水準や栄養状態などで個人差はあっても、この年齢以上では妊娠・出産のリスクが高まるという統計データにもとづく。厳密には30歳以降、徐々にリスクは高まるとされる。

お話＊佐々木靜子さん
まつしま病院・院長

ささき・しずこ　東京都江戸川区のまつしま病院(P89参照)院長。富士見産婦人科病院事件の被害者側弁護団医師団に参加。女性の健康と医療のあり方を問う。女性の暴力被害の支援者研修などを行う「NPO女性の安全と健康のための支援教育センター」副理事長。http://www.matsushima-wh.or.jp/

取材・文＊加藤有美(ピスタチオ)

Q
“出生前診断”って何をするの？やっぱり受けたほうがいいですか？

A
おなかのあかちゃんの健康状態を生まれる前に検査します。「知ってどうしたいか」が大事です。

充分な説明を受けて

妊娠中、胎内での胎児のようすをおなかの外からさまざまな方法で検査する技術は、近年めざましく進歩しています。これまでも一般的な妊婦健診として、経腹エコー（超音波）検査は行われていましたが、最近では診断機器の進歩で、胎児の状態がよりはっきりとわかるエコー検査が安全に行えるようになりました。

エコー検査の画像精度が向上したことで、先天的な病気が疑われたり、はっきりわかって、妊婦さんや家族が動揺してしまうことも増えています。そのことが、安易な「出生前診断」を増やすことにつながっていないか気になります。技術の進歩だけが先走り、妊婦個人に重大な選択を迫っているとしたら不幸なことです。

生命を選ぶことの重みを

これまで、出生前診断というと、高齢出産やなんらかの遺伝性疾患をもっているなどの場合に、妊娠中、おなかに針を刺して羊水を採取する「羊水検査」が行われてきました。が、こうした検査は検査自体が危険性も伴い、気軽にできるものではなかったのです。しかし、近年出生前診断のための検査の精度は上がり、リスクは下がって、以前よりも安全に胎児診断が受けられるようになっています。でも、調べるということは、結果を知ったあと、親になるひと自身が「生命の価値」を判断し、選ぶということも意味しています。そのことの重みを充分に考えず、問題のあるなしだけを安易に知ろうと検査を利用することはすすめられません。

長い不妊治療のあと、待望の妊娠を果たしたときなどにはとくに「これほど苦労し、待ち望んで授かった生命なのだから、ハンディキャップもなくすくすくと育ってくれる子に違いない」という願望が増す傾向もあるようです。親としての切実な気持ちはわからないではないですが、「生命は授かりもの」という覚悟と、それでも検査を受けた場合に「知ってどうしたいのか」という最終目的を決めておく必要があるでしょう。

出生前診断とは…胎児の染色体や遺伝子の異常を調べる検査。エコー検査のほか、ダウン症など染色体異常を調べる羊水検査や絨毛(じゅうもう)検査、妊婦の血液検査で胎児に異常のある確率を割り出す母体血清マーカーなどがある。同じ出生前検査でも、腹部に針を刺し、羊水を採取する検査は、流産や死産の危険もあることなどから受診率は全妊婦の約1％程度にとどまる。エコー検査はその危険はなく、妊婦健診でほぼ全員が受けている。

お話＊佐々木靜子さん
まつしま病院・院長

取材・文＊加藤有美（ピスタチオ）

Q “出生前診断”の結果を、どう受け止めたらいいの?

A 診断結果は100%ではありません。授かったいのちをどう受け止めるか。診断の前に考えておきたいことです。

結果は100%ではない

まず、みなさんにお伝えしたいことは、どんな検査も100%ではないということです。とくにP105の質問でもお答えしたように、エコー検査による画像診断は、その精度が上がってきてはいるものの、あくまで情報のひとつでしかないのです。

画像で見てわかる範囲のことは、ある程度は診断できるでしょう。また染色体のトラブルで起こるものについても、羊水検査である程度まではわかるようになってきています。

その一方で、臓器の働きのトラブルなど機能的な問題はこうした検査ではわかりません。

ですからどの検査でどんな結果が出たのかにもよりますが、あくまでも「問題があるかもしれない」というレベルも多いことを知っておいてください。

前の質問でも、「出生前診断を受ける」と決めた時点で、どのような結果が出ても、それを受け止めてどう判断するのか覚悟が必要だと言いました。あかちゃんの体外生活が不可能なほど重たい診断結果が出たのであれば、あとはご家族と話し合って決めるほかありません。

「産むか産まないか」の前に

仮に「産まない」という選択をする場合、母体保護法*では、妊娠中絶可能な条件として「母体の健康を害する恐れがある」としか定めていませんが、実際には「胎児の異常」を「母体の健康を害するもの」と拡大解釈しているのです。

産むか、産まないか。その最終的な選択は、基本的には親となるひとに委ねられているとわたしは考えています。その一方で、「産めない」「育てられない」と考えている本当の理由がどこにあるのか、もう一度家族でよく考えてみましょう。

妊娠22週までは、あなたには妊娠中絶を選ぶ権利があります。さまざまに考えて判断した結果、そうした選択をする場合もあるかもしれません。

その一方で、あかちゃんに問題があると診断されても、治療できる病気も増えていますので、もう一度、落ち着いていろいろな方面から考えてみてください。

そうした相談ができる窓口は産院にもありますので、これらを利用し、ひとりで抱え込まないようにしてもらいたいと思っています。

お話＊佐々木靜子さん
まつしま病院・院長

取材・文＊加藤有美（ピスタチオ）

＊不妊手術、人工妊娠中絶手術などについて定められた法律。「母体の健康・生命」を守る場合に、22週以内なら、人工妊娠中絶が認められているとあり、この解釈によって適用されている。

Q

不安ばかりの時代に、ちゃんとあかちゃんを育てられる自信がありません。

A

不安があるのは自然なこと。ときには「専門家」のほうが悩みを相談しやすいということも。

「不安」は自然な現象

　妊娠すると、女性のからだにはこれまで経験したことのない変化が起こります。わずか数ヶ月の間に、それまで存在しなかった胎盤という臓器をつくり出し、母体から大量の血液と酸素を吸収し、あかちゃんを育てるのです。また、大量のホルモンを分泌し、その作用を受け続けるわけです。そのため自律神経のバランスを崩しやすく、イライラしたり不安になることが増えても不思議はないのです。

　ましていまは、放射性物質の胎児や乳幼児への影響など、気がかりの要素が多すぎますし、お産を控えた「新米ママ」であれば不安が増すのは無理もありません。

　まずは、「これも自然現象」と、自分の状態を客観的にとらえてみてください。そのうえで、「自分の注意や工夫で対策がとれて、ある程度は不安が解消できること」と、「それでもどうしてよいかわからないこと」とに、仕分けてみることをおすすめします。

　ひとりで客観的に考えるのがむずかしければ、夫やほかの家族などに頼んで、不安定になりやすい要因や状況などをチェックしてもらってもいいかもしれません。

つらいときは無理しないで

　イライラがひどい、ひとの話し声が気になる、悪口を言われているような気がする、わけもなく涙が出て止まらない、他人に会いたくない、外出したくない、眠れない、疲れる、といった症状が長引いたり、悪化したりする場合には、「マタニティ・ブルー」がひどくなっていることも。

　また、放射性物質への不安が強すぎて日常生活に支障が出たり、家族との関係がうまくいかなくなったりすると、さらに孤立を深めやすくなります。こうした場合には、無理をせずに早めに専門家の助けを借りることも考えてください。

　メンタルな相談をすることへの抵抗感が強いひともまだまだ多いかもしれませんが、かかりつけの助産院や産院にカウンセラーや専門スタッフがいる場合もあり、連携している専門家を紹介してもらえることも。

　早いうちに適切なケアを受けると、妊娠やお産はもちろん、産後の育児への不安やストレスを和らげることにもつながります。がまんせずにまずは相談してみてください。

お話＊佐々木靜子さん
まつしま病院・院長

取材・文＊加藤有美（ピスタチオ）

Q

食品の放射性物質が心配です。安全な食生活のために、どうすればいい？

A

ポイントは「入れない」ことと「排出する」こと。安心できる食品を選びましょう。

信頼できる食品を探す

妊娠中や出産後の食事について、放射性物質を心配している方はとても多いと思います。食生活では、ぜひ次のことをこころがけてほしいと思います。

まずは、放射性物質を体内へ「入れない」こと。胎児や子どもは、成長するための細胞分裂が活発で、大人の4～10倍の影響を受けるといわれています。検査の状況は変わりつつありますが、残念ながら国の体制はまだ充分とはいえません。検査を独自に行っている企業や生産者の食材を選ぶようにしましょう。

検査をしているかどうかわからない場合は、企業や生産者に問い合わせればおしえてもらえます。また、食品を持ち込んで検査ができる市民測定所などを活用して常食しているものを調べたり、情報を共有したりすることで、安心できると思います。

食材そのものの選び方も大事です。食品には、放射性物質を取り込みやすいものがあります。キノコや乳製品のホエー（乳清）などは、その代表です。検出限界値*が低い検査で、不検出だということがはっきりしているもの以外は、できるだけ避けましょう。

排出して丈夫なからだに

次に、放射性物質の「排出を促す」こと。放射性物質の完璧な排除が困難な状況のため、精神的に苦しくなることもあると思います。できるだけ「入れない」を基本としつつ、毎日の食事で毒素の排出を促す食品を摂ることで、放射性物質を体外へ出していきましょう。

おすすめは発酵食品です。放射性物質を吸着して体外に排出する働きがあります。とくにお味噌汁や漬けもの、納豆は、ぜひ毎日の食生活に取り入れてみてください。

ほかには、バナナや海藻など、カリウムが豊富な食品も排出力が高いので摂取するとよいでしょう。

食物繊維の仲間である不溶性ペクチンも、腸内の有害物質を吸着して排出する働きが。りんごや柑橘類などのあまり熟していないくだものや、切り干し大根、きなこなどに含まれています。

また有機野菜は、育てられる土に有機物や微生物が多いため、野菜への放射性物質の移行が少ないです。こうした生命力のある食品で、からだに免疫力をつけていきましょう。

お話＊**安田節子**さん
「食政策センター ビジョン21」主宰

やすだ・せつこ　食政策センタービジョン21代表。日本消費者連盟で反原発運動、食の安全と食糧農業問題を担当。現在はNPO法人「日本有機農業研究会」理事、埼玉大学非常勤講師。著書に『わが子からはじまる 食べものと放射能のはなし』（クレヨンハウス／刊）など。http://www.yasudasetsuko.com/

取材・文＊小久保よしの

＊放射性物質の測定で検出できる最小値のこと。検査機器によって異なり、また、同じ機器でも、検査にかける時間や検体の重さによって変動する。

Q 原発事故後、子どもを産み育てる環境を移すひともいれば移さないひとも。何が「よい選択」なのでしょうか。

A どの選択にも心配はある。本人が納得し、安らかに暮らせることが大事。

不安と覚悟の間で

2011年3月の福島第一原発の事故で、わたしたちの生活も一変しました。4度目の避難のあと、民間の被災者支援活動「震災ホームステイ」を利用し、東京・世田谷に仮住まい。都助産師会の山村節子会長の厚意で、避難の間は山村さんが主宰する助産院「アクア・バースハウス」で、助産師として働きました。勤めていた病院の産婦人科が再開すると聞いたときは、やはり放射性物質による健康への影響や、壊滅的な打撃を受けた夫の稼業の今後など、さまざまな不安もありました。南相馬に戻っても「元通り」になるという保証はどこにもない。でも、高齢の両親の健康管理も含めて、「家族離散状態」をこれ以上長く続けられないと判断。本当にいろいろな点を自分たちなりに考えて、帰郷しました。

実際に産科が再開してからも、出産の件数はひとけた台。スタッフの数もまだ足りていませんし、何よりも「あえて南相馬に戻ってお産をしよう」というひとが圧倒的に少ないんです。子どもの姿も町なかで見かけることは少なくなりました。それは無理からぬことと思っています。

本人の選択を全力で支える

放射線への不安についてこちらから詳しくは聞きませんが、いまここでお産をするひとはそれぞれに事情と覚悟があって「ふるさとで産もう」と決めたひとたちだと思うのです。その気持ちはわかるので、内部被ばくを防ぐための生活指導やWBC*などの定期的な検査の徹底、産後の母乳育児の支援などに力を入れつつ、必要以上に「放射性物質」の話をしてストレス過多にならないように配慮しています。折しも、全国から放射線や産科医療の専門家の先生方も参加して、妊産婦の「放射線健康相談カウンセリング」が立ち上がったばかり。「チーム医療」的な体制で、妊産婦や乳幼児の育児をする方へのカウンセリングを行っています。

放射性物質の問題は、多くのひとの立場を明らかにします。家族の間でも違う考え方や選択をとるひともいますが、避難と帰郷を経験して思うことは、妊婦さんが納得し、安らかな気持ちで暮らせることを大事にしたいということ。周囲のひとにできるのは、どんな選択であれ、本人の思いを尊重して、全力で守り支えてあげることだと思っています。

お話＊渡部恵津子さん
南相馬市立総合病院産婦人科 助産師

わたなべ・えつこ　助産師。南相馬市立総合病院の産婦人科に勤務。原発事故で南相馬市小高地区の自宅は警戒区域に。和牛繁殖農家の夫、子ども3人と東京・世田谷に避難。2011年5月に夫は南相馬へ、同居していた義父母は一時、九州の義姉のもとへ。2012年に帰郷し、お産や健康相談のサポートを行っている。

取材・文＊加藤有美（ピスタチオ）

*WBC（Whole Body Counter）：ホールボディカウンター＝内部被ばく線量の測定検査装置。

Q 考えた末、やはり避難・移住を決めました。場所選びなど、具体的なアドバイスを！

A 安心して過ごせる最善の環境を整えられればベストです。ショートステイという道もあります。

納得できる環境のために

わたしが移住を考えたきっかけは、高齢出産ということもあってつわりがひどく、布団から出られないような状態が2ヶ月も続いたことです。3・11のあった3月末から妊娠が発覚する4月末まで福島で取材を続けていたため、体調不良の原因が被ばくなのではないかと心配になっていました。

当時が3・11以降の混乱期だったこともあります。妊婦にとって大切なのは、安心して過ごせるような、納得できる最善の環境を整えることだと思い、6月に京都へ身を寄せました。

好きな街や友人を頼りに

なぜ京都だったのか。それは、パートナーが大阪出身で関西にゆかりがあったことも理由のひとつです。また、悩んだ末に、わたし自身はこう考えたからです。

「3・11がなければ、今後も生まれ育った東京で暮らすつもりだった。でも、こうなってしまったことを受け入れて、出産や育児をたのしむためには、自分の好きな街や住んでみたかった地域に住んでみるのがいいのではないか」

京都はもともと好きなところだったので、わたしにとって自然な成り行きでもありました。

また、出産後も仕事を続けたかったわたしには、関西が東京に次ぐ経済圏で、仕事をしやすいこともポイントになりました。継続して住んでいくには、やはり経済的なベースが必要です。

その地域に友人や知り合いがいたことも理由のひとつです。慣れない土地での助け合いや情報交換は重要ですし、子どもがいればなおさら。困ったときや何か起こったときに、役に立つのは信頼できる友人だと思っています。

住みはじめた頃は、関西のことばがわからずに苦労したこともありました。でも、外国人や観光客を受け入れてきた京都の風土や、移住者同士のコミュニティにも助けられて、たのしく生活しています。

まずは自分たちがたのしく暮らしていけそうな場所に、ショートステイをしてみるのもいいと思います。シェアハウスなどには情報が集まっていて、ネットでは見つけられないような地元のひとの声も聞けると思いますよ。

お話＊海南友子さん
ドキュメンタリー映画監督

かな・ともこ　NHKディレクターを経て独立。2009年、プサン国際映画祭で『ビューティフル アイランズ ～気候変動 沈む島の記憶』がアジア映画基金AND賞を受賞。2012年7月『いわさきちひろ ～27歳の旅立ち』公開。次回作として福島の事故と自身の妊娠・出産を描く短編を制作中。http://kanatomoko.jp/

取材・文＊小久保よしの

Q 放射能汚染のなかでの妊娠・出産に不安があります。どう乗り越えたらよいでしょうか？

A 福島で取材後に妊娠が発覚。よく話し合って、授かったいのちを受け止めました。

授かったいのちを最優先

わたしはドキュメンタリーの監督として環境問題に関心があり、3・11の翌日には、原発事故の影響を懸念して関西に一次避難しました。そこで自分の誕生日と福島第一原発の稼働開始が同じ日だと知り、驚きました。これまで原発からのエネルギーの恩恵を受けて生きてきたのだと思い、放射性物質への恐怖より「逃げずに撮影をしなければ」と、福島での取材を決めたのです。

3月末から4月にかけて現地へ通い、住民への取材を続けました。まだ20kmの立ち入り禁止区域が設定される前で、大熊町に自宅がある方に同行して福島第一原発からわずか4kmの場所にも入りました。

しかし、4月末に体調が悪くなって訪れた病院で、なんと妊娠が発覚。青天の霹靂とはまさにこのことだと思いました。不妊治療を受けても子どもができず、あきらめたあとのことだったからです。本来であれば歓喜の瞬間であるはずが、手放しでよろこぶこともできず、複雑な気持ちが勝ってしまいました。「あかちゃんに対して、取り返しのつかないことをしたかもしれない……」と、猛烈な不安に襲われたのです。

この子たちの未来に安心を

それでも、パートナーと本当に何度も何度も話し合って出したのは「せっかく授かったいのちを最優先に考えよう、産もう！」という結論でした。

高齢出産だったこともあり、医師からは羊水検査をすすめられたのですが、それも断りました。どんな子どもが生まれてきても、それを受け止めて、大事に育てようと決意したからです。多くのひとが亡くなったときに授かったいのちなのだから、そのことにきっと意味があるのだと思いました。

12月には、無事に男の子を出産。おかげさまで現在もすくすくと元気に育っていますし、育児のたのしさ、すばらしさに、いま「産んで本当によかった」と思っています。

とはいえ、もちろん息子が成長していくうえでのリスクはゼロではありません。だからこそ、不安の種は少しでも減らしたい。多くの子どもたちの未来を不安とリスクにさらす原発を容認するわけにはいかない。親になったいま、そんな思いを強くしています。

お話＊海南友子さん
ドキュメンタリー映画監督

取材・文＊加藤有美（ピスタチオ）

はじめて
あかちゃんを
迎える
おとうさん講座❹

ぼくたち、いったいどうしたら…

[お産全体のサポート編]

お話＊佐々木靜子さん（助産師）
取材・文＊加藤有美（ピスタチオ）　イラスト＊松尾ミユキ

長い子育ての「チームワーク」の第一歩

女性は、妊娠と同時につわりや体型の変化、胎動などさまざまな変化を体感し、妊娠・出産の当事者としての実感を強めていきます。それに比べると男性は、お産自体には間接的な関わり方しかできません。

この違いは妊娠・出産・産後のさまざまな場面に大きく影響しますが、男性はぜひ、「産むのは女の仕事」「男はその手伝い」と割り切るのではなく、「ふたりのお産」をたまたま女性が全身で引き受けてくれているだけだ、と考えてみてほしいのです。

そのために女性の身の上に起こる苦痛や不安を和らげ、お産以外のあらゆることを引き受けるのが「産みたいけど産めない」男性の義務と考えるくらいでちょうどよいのかもしれません。

いつも同じ方向を見定めて、「産む以外」のことすべてを引き受けると言うパートナーが近くにいることは、はじめて出産に臨み、これから一緒に子育てをしていく女性にとっていちばんの励ましになるはずです。